道友社
きずな新書
002

笑顔の居場所

道友社編

もくじ

筆者の職業と年齢は、平成二十二年一月現在のものです。

カバー・本文イラストレーション　小牧真子

嫁、よめ、ヨメ

郷内満寿《ごうないますす》
教会長夫人・54歳・静岡県焼津《やいづ》市

駿河湾《するがわん》越しに富士山を望む、海の幸・山の幸に恵まれたこの地、焼津。時代の違いはあれ、縁あってこの家に嫁いだ三世代の嫁（祖母）、よめ（母）、ヨメ（私）。三人が共に過ごした年月の中で、ヨメ（私）はびっくりしたり、笑ったり、妙に納得したりしながら、数多くのことを学んできた。おかげで、体力ならぬ〝心力〟をつけてもらったと思う。

嫁いでまず驚いたのは、八十代も半ばを過ぎていた嫁（祖母）のお茶碗《ちゃわん》の大きいことであった。嫁（祖母）は好き嫌いがなく、何でも喜んで食べた。

グラタンやバナナジュースを出すと、晩年、食欲が落ちていたという嫁嫁（曾祖母）のことを思い出しては、「おばあさんにも、こういうものを出してやれば食べられただろうに……」と、その都度、残念そうにつぶやいた。

暗記してしまうほど同じ話を聞かされたヨメ（私）は、写真でしか知らない嫁嫁（曾祖母）と会ったことがあるような錯覚に陥《おちい》るのであった。

嫁（祖母）は大変やさしく、おだやかな人柄で、誰《だれ》からも慕われる人だった。得意の和裁の腕を生かしながら教会の留守を預かり、洗濯、後片づけと家事を一手に引き受けてくれた。そして時々、心の内を歌や詩に託すのだった。

「嫁に来て幾年《いくとせ》春を過ごせども我《わ》が身の春は少なかりけり」

この歌で、嫁（祖母）の半生がお分かりいただけると思う。そんな中を通ることができたのは、十五歳からお仕込みいただいた、益津《ましづ》大教会の小栗《おぐり》ぶん奥様のおかげであると、よく話していた。嫁（祖母）は、一人息子に嫁いできたよめ（母）を「奥さん」と立てて通り、二人の孫を生んでくれたことに心から感謝していた。

そのよめ（母）は、男まさりな性格で、頼りがいがあった。得意のお料理で多くの人たちを喜ばせ、大教会の御用も率先してつとめた。人を飽きさせない会話、パワーみなぎる力強い声に、誰も「ノー」と言えない。叱《しか》るときも、褒《ほ》めるときも、本人にはっきりと言ってくれる人。よめ（母）の発言は核心を突いていることが多いので、ヨメ（私）はドキッとしたり、スカッとしたりしながら導いてもらうことが多かった。

結婚当初、「うちの両親は焼津の『大助《だいすけ》・花子《はなこ》』（漫才コンビ）だと思っていればいいよ」と主人に言われたことがあった。なるほど二人のやりとりを見聞きしていると、こちらまで愉快になった。

しかし、生活する中にはいろいろある。

年を重ね、同じことを何度も繰り返す嫁（祖母）に、

「おばあちゃん、余計なこと言わないでいいの。年寄りは『ありがとう』と『お願いします』だけ言っていればいいの」

と、よめ（母）が諭し、言われた嫁（祖母）も、

「はいね」

と素直に答えるのであった。

しかし嫁（祖母）は、そんなストレスを歌や詩で発散していたようで、

「云《い》うまいと思えどもつい口に出る　なさけなきかな年寄りのくせ　黙っていれば無難です」

「おどかされても愛のむち　我が子の声は頼もしきかな」

と詠んだ。うちの事情を知る人は、この句を見てニンマリするのである。

それにしても、歌や詩にすると、なんだか微笑《ほほえ》ましく思えるのはなぜだろうか。

いろいろな日があったけれど、嫁（祖母）、よめ（母）はそれぞれの徳分を生かし、陽気に「台」としての務めを果たしていたように思う。ヨメ（私）としては頭が下がる。

二人とも霊様《みたま》になられたいま、「ありがとう」「お願いします」の教え（?）は、そばで聞いていた八十一歳の父が守っている。それは、簡単そうだけれど、とても難しいことだ。

晩年、嫁（祖母）は、

「帰り来る孫、曾孫《ひまご》たちの笑い顔　なんと楽しき今日の喜び」

「なんの苦もなく日を送り　もったいなさに涙こぼるる」

と詠み、九十二歳で出直すその日まで、元気に御用をつとめた。

どんな中も神様にもたれて、喜びを見つけて通った姿は、大勢の人々の心に信仰の素晴らしさを映し、この家、この教会の土台となってくれた。

家族はもとより、さまざまな人たちとの出会いは、神様の配剤による。この

11 —— 嫁、よめ、ヨメ

メンバーで、陽気ぐらしを味わうようにと。

ヨメ（私）も嫁いでから今日まで、大勢の人たちにたすけられ、支えられてきた。父、主人、そして、いつも話を聞いて協力してくれる主人の姉。それから教会に集う人々。

特に息子が生まれてからは、本当に皆さんのお世話になった。

朝づとめ後、Tばぁばが息子をお散歩に連れていき、夕づとめ後は、役員のKさん親子がドライブに連れていってくれた。

そして昼間は、Sじぃじとの時間だ。変わり者で定住することなく、自由気ままに生きてきたこの人が、ある日突然、教会へやって来てからというもの、通いで息子の子守をしてくれるようになった。この人へ子供を預けることに対する不安の声もあったが、Sじぃじが息子を可愛《かわい》がってくれる姿を見て、ヨメ

（私）に不安はなかった。

やがて、Sじぃじとのお出かけが日課となり、息子の〝公園デビュー〟もSじぃじとであった。よそのママたちは、本当のじぃじと思っていたようである。

こんなこともあった。一人暮らしのSじぃじが、赤ん坊だった息子をおんぶして市役所へ行ったので、市役所から問い合わせの電話があったり。保育園へ行くようになると、息子より早く保育園へ行き、庭掃除をして過ごし、先生方に喜ばれたり。

また、八十歳近くになったある日、目が悪いにもかかわらず、二時間はかかるであろう隣の市の秋祭りに、二歳の息子を自転車に乗せて出かけたこともあった。その姿を見た教会関係者が驚いて連絡を下さり、普段はおだやかな主人も、さすがに大声を出して注意した。

が、Sじぃじからは、

「僕はおぢばまで自転車で行ったことがあるから大丈夫です」

と、自信たっぷりの言葉が返ってきた。

「それは、若いころのことでしょ！」

と言っても、この人には通じない。とにかく無事でよかった。

こうしてSじぃじは、その晩年を人の輪の中で、人の温《ぬく》みに包まれながら過ごした。月次祭が近づくと、チャンポンをピカピカに磨いてくれ、「こどもおぢばがえり」では、教会のプラカードや荷物を持って率先して歩いてくれたことが、懐かしく思い出される。

いま、五十歳を過ぎたヨメ（私）は、よめ（母）、嫁（祖母）が通ってくれた道のおかげと感謝している。

ここに、あらためてお礼を申し上げ、こうしてエッセーに登場させてしまったことへのお許しを願うばかりである。

そしてヨメ（私）は、嫁の字のごとく、この家の女としての務めを果たせるよう、微力ながら励んでいきたい。

「おはようございます」と、今朝《けさ》もまた、日参する人の声が響く。さあ、今日一日のはじまりはじまり。

みんな一緒だとあったかい

鵜瀬《うのせ》恵子《けいこ》
主婦・48歳・米国オハイオ州

夫の仕事の関係で、私たち家族はアメリカ・オハイオ州で生活しています。今年、はや六年目を迎えました。

思えば、渡米一年目のころは、家族みんなが大きなストレスを抱え、誰《だれ》もそれを軽減してやれないほど苦しい毎日でした。

一番下の子は、

「いつ日本へ帰るの？　日本へ帰りたい」

と言っていました。ほかの子も、口にはしないまでも、じっと我慢《がまん》していました。

文化の違いから来るストレス、言いたいことがうまく言えないストレス、話しかけられることが理解できないストレス……。新しい環境下でのさまざまなストレスの矛先《ほこさき》は、やがて家族に向けられるようになりました。

当時十歳の長男とけんかをした七歳の二男は、警察へ電話をかけてしまい、パトカーを呼ぶ騒ぎを引き起こしたことがありました。

日本にいれば、子供たちは楽しい学校生活を送り、お友達と家の行き来をしていたことでしょう。言葉の苦労も、友達をつくる苦労も、どうやって遊んでいいのか分からないといった苦労もなく……。兄弟げんかで警察沙汰《ざた》になるなど、あり得ないことでした。

そんな中で一年が過ぎ、子供たちも少しずつアメリカ生活に馴染《なじ》んでいきました。

英語が話せるようになり、友達の家に招待されるようになった二年目。誕生日会などにも招かれるようになった三年目。学校の授業についていけるようになり、生活そのものを楽しめるようになった四年目。

そのころから、子供たちはプライベートにこだわるようになり、それぞれの部屋で自分の好きなことをして過ごす時間が増えていきました。

そうなると、家族が集まるのは食事の時間だけ。夫の帰りが遅く、家族全員で食卓を囲む機会も減りました。

朝は朝で、それぞれ家を出る時間がまちまちなので、一緒に食事を取ることもままなりません。

なんとなく家族の会話がうまくいかなくなり、一体感が薄くなってきたな、と私は感じていました。それは逆に、家族みんなに心のゆとりができてきた証《あかし》でもあります。ストレスをぶつけ合っていたあのころは、家族がお互いを必要とし、いつも一つの場所に集まっていたのですから。

そんなある日、近くのアジア食材店で、和式の座卓を見つけました。アメリカではめったにお目にかかることのない品です。それを見た瞬間、ひらめくものがありました。

「これなら、いけるかも！」

すぐさま座卓を購入し、ダイニングテーブルのすぐ近くに置いてみました。

これが功を奏しました。子供たちが自然と座卓に集まるようになったのです。みんな正座は苦手ですが、おもちゃで遊んだり、本を読んだり、昼寝をしたり……。なかには、そこで勉強する子も出てきました。もちろん部屋には勉強机があるのですが、わざわざ宿題を持ち寄って、分からないところは互いに教え合ったりして。

遅く帰ってきた夫も、テーブルで食事をしながら子供たちに話しかけたり、宿題を教えたりしてコミュニケーションを図っています。「家族の団欒《だんらん》がなくなるのでは」と危惧《きぐ》していた私にとって、それは嬉《うれ》しい光景でした。

座卓という、膝《ひざ》を突き合わせることのできる〝台〟の存在。お道では「女は

21 —— みんな一緒だとあったかい

台」といわれますが、確かに台のある所「台所」には家族が集まってきます。

「ただいまー」

「おやつは？」

「お腹《なか》すいたー！」

台所には母親がいて、料理の匂《にお》いがしようものなら、

「いい匂い」

とニコニコしながら寄ってきます。そうそう、台所には「ガス台」という台もありますね。

こう考えていくと、家族の団欒は、台のある場所にいつもあるものなのかなと思うのです。そして、家族が一つの場所に集まることから、団欒の一歩が始まるのではないでしょうか。

わが家の子供たちは、十六歳の長男を頭《かしら》に、親の膝元で過ごしながら家族団欒を味わい、嬉しいことも悲しいことも家庭の中で共有しています。

この子たちが大きくなれば、いつかは親元から離れていきます。そのときも、温かい家庭の中で育ってきたことが、つらいことや苦しいことに耐え得る心の礎《いしずえ》となり、安心して次のステップへ踏み出していけるのだと思います。

もちろん世の中のすべての人が、こうした恵まれた環境で生活しているわけではありません。満たされない中にも大切なことは、いまあるものに感謝するということです。その中から、団欒を味わうような暮らし方を求めていけば、お道らしい陽気な家庭に近づいていけるのではないでしょうか。

私は、縁あって結ばれた〝私の家族〟という存在に感謝して、子供の子供、そのまた子供にも、この絆《きずな》をつないでいけるよう、台としての立場から目を配り、心を配っていきたいと思います。

あるとき、長女がこう言いました。

「みんな（家族）一緒だとあったかいね」

このひと言が、私にとってどれほど嬉しく、温かく感じられたことか……。

まさに〝宝物の言葉〟です。

祖母と両親の道を通して

後藤文造《ごとうぶんぞう》
社会福祉士・31歳・奈良県広陵《こうりょう》町

昭和三十二年一月二十日付『天理時報』の「めんどり問答　四問インタビュー」という欄に、「夕食後ほりゴタツを囲んで、家族そろって楽しい団欒《だんらん》にひとときを過ごしている後藤成郎《しげお》氏（本部青年）宅に母堂の幽香《ゆか》さんを訪ね、いろいろと問答を試みてみた」とある。七年前に夫を亡くした祖母への、インタビューの書き出しである。

祖母は、ある要職にあった夫が出直したのち、四人の息子を女手一つで育てた。記事は「それぞれ立派にスクスクと育て、いうなればホマレ高き親鶏《おやどり》とも称せられるべきめんどりである」と続く。長男が結婚し、家の中が明るくなったころのことである。

長男の結婚式の日、祖母は二代真柱《しんばしら》様から「成郎君の父君におくる」と題して、

若き生命　すくすくとのびて
今宵《こよひ》はや　君がその日の
面影にもゆ

という色紙を頂いた。「このときこそ、私の生涯で最良の喜びの日でした。いままでの苦労は一遍《いっぺん》に吹っ飛んでしまいました」という祖母の言葉に、そばに

いた父・典郎《のりお》が「ほんまに感無量やな」と発したので、それまでのしんみりとした雰囲気が一変し、爆笑に包まれたそうだ。当時、父は小学六年生であった。

インタビューの最後にある「陽気な家庭をつくる牝鶏《めんどり》の心構えを一席」という質問に、祖母は「一家そろってゆっくりできる夕食時には、家庭の主婦たるもの、大いに腕をふるい、一日の最後の余力をふりしぼって、明るくサービスにつとめるべきです。主婦の温かい、明るい笑顔の前には、世のいかなる男性たちも、たちどころにえびす顔になること間違いなしです」と自説を披露。さらに「幸い、うちの嫁は、気立てがよく、明るい性格ですから、家中にパッと花が咲いたようなんですよ」と。これに対して、またまた父が「姉ちゃんが来やはってから、兄ちゃんの友達がよう来やはるわ。姉ちゃんが一番お客さんに人気あるんやで」と合いの手を入れている。かつての後藤家の団欒を彷彿《ほうふつ》とさせる場面である。

父が小さいころ、家族の温かさを最も感じたのは、台風が襲来したときであったという。普段はバラバラに動いている家族も、このときばかりは全員集合で家を守った。夜はよく停電したので、ロウソクの灯《ひ》が頼りであった。その明かりのもとで話をしたり、ゲームに興じたりした。なぜか、四人兄弟の末弟である父が主役となり、可愛《かわい》がってもらえたので、父は本気で台風の襲来を歓迎したそうだ。

すでに祖母は出直しているが、いつも穏やかで、温かいまなざしを注いでいたことを思い出す。まだ若いころ、講社祭で父の実家へ行くたびに、何かと言葉をかけてくれた。「めんどり問答」から伝わる家族の絆《きずな》のようなものが感じられた。そうした心のつながりは、私たち四人兄弟の家族にも連綿《れんめん》と受け継がれているように思う。

父と母は新婚早々、高校生の学寮を受け持った。甘い生活を味わうどころではなかったはずだ。いま、次兄が同じ立場にいるので、私にもその苦労がよく分かる。母は流産と死産を繰り返し、医者からは「子供は無理」との宣告を受けた。「ほかの人より多く苦労をしているのに、なぜ……」との思いから、「子育ての苦労を十五年省いてもらって、多くの生徒さんを預かっている。寮生をわが子と思って面倒を見させてもらおう」と心を切り替えたそうだ。〝寮生はみんな家族〟との思いであった。

病気やけがの症状がひどい生徒がいると、自分たちの部屋に寝かせて様子を見た。その一人は、卒業後に「わずかな日数でも、先生の家族の一員として過ごせたことで回復が早まりました」と言った。そのような過ごし方をするうちに、不思議なことに長男を授かった。以後、次々とご守護を頂き、六年間に四人の男子をお与えいただいた。以来、父と母は、さまざまな形でのご恩返しを誓ったという。

寮を出て自宅を構えてからも、父のスタンスは変わらなかった。ある日突然に寮生を連れて帰ってくる。確かな事情は分からなかったが、どうやら寮での人間関係に悩んでいるらしい。寮にはいたくないが、学校には行きたいと言うので、父はとりあえず生活の場を用意したのであろう。

帰宅しても、父は特に生徒を指導するようなことはなく、相手をするのは、もっぱら母と私たち息子（小学生から幼稚園児）であった。父のねらいは、悩める生徒を「家族の団欒」に引き込むことにあった。特別に何かをするわけではない。何げない日常の会話、子供たちとの遊びの中で、少しずつではあるが心の切り替えができていくのであろう。いつの日か、生徒自ら「寮に戻って頑張ります」と申し出たと聞く。

生徒たちは長い場合で一カ月、短い場合で三日ほど滞在した。お世話をした寮生は三十人ほどに上る。父がよく人に話していた一番の自慢は、「ある日突然、生徒は生徒を連れて帰ってきても、妻は一度も嫌《いや》な顔をしなかった。それどころか、喜んで受け入れてくれた。教会と同じ感覚だった。そして、息子たちも嫌な顔をしなかった。誰《だれ》か一人でも嫌がったら、生徒は居づらくなっていたはずだ。同じ家族であるという気持ちが、家族の団欒があったからこそ、続けられたんだ」と。

「団欒」とは、特別に何かをすることではない。普段の生活の中で、さりげない心づかいや会話を通して、ほっとできる雰囲気から生まれるものではないだろうか。

私の妻は、付き合い始めたころは天理教の信者ではなかったが、私の実家へ足を運ぶうちに、次第に家庭の雰囲気に親しみを覚えてくれたようだ。いまでは一ようぼくとして、進んで御用をしてくれる。結婚を決意した決め手は、後藤家の「家族団欒」にあったと後日打ち明けてくれた。

社会福祉の現場に身を置く私は、さまざまな家族を見るにつけ、「家族のつながりの大切さ」をしみじみと感じる。医療や教育の現場に携わる兄や弟も、同様の思いでいる。

現在、総勢十八人。布教所の月次祭の日は全員集合となる。父と母は八人の孫を相手にして、元気をもらっているようだ。特に父は、孫をお風呂に入れるのが楽しみで、続けて五人も入れては、のぼせるときがある。

「めんどり問答」から半世紀。私たち四人の兄弟は所帯を持ち、それぞれに子供を授かり、ありがたい限りである。それぞれの家族が「感謝・慎《つつし》み・たすけあい」をモットーに、祖母と両親の「家族団欒」の雛型《ひながた》を大切にしているこのごろである。

星になったおばあちゃん

窪田《くぼた》りか

教会長夫人・46歳・奈良県御所《ごせ》市

「今日は、おばあちゃんも一緒にご飯食べてるよな。お空から見てくれているんかなあ」

夏の夜、花火を見ながら外で食事をしているとき、五歳の息子が突然言いだしました。おばあちゃんが大好きだった家族団欒《だんらん》の食事。いまは亡きおばあちゃんの笑顔が見えるようです。

前会長であるおばあちゃんと私たちが一緒に暮らし始めたのは、いまから十三年前のことです。

おばあちゃんは看護師として活躍していた道を捨て、前々会長の後妻として五十歳で教会へ嫁いできました。お道のことを知らないまま、最初は上級教会の住み込みから慣れない教会生活を始め、その後、自教会の神殿普請に取りかかっていたとき、一番の頼りであるご主人が出直しました。しかし、夫の後を継いで自ら会長となり、最後まで普請をやり遂げたのです。

それからは、一人でずっと教会を守っていました。そこへ私たちが、後を引き継ぐべく、教会に住み込ませていただくようになったのです。

一人で静かに教会生活を送っていたところに、私たち夫婦と子供たち（六歳、三歳、一歳）の五人が突然飛び込んできたのですから、初めは嬉《うれ》しさ半分、驚き半分といったところでしょうか。大事にしていた食器は割るし、いつもきれいに片づけていた部屋を子供たちがぐちゃぐちゃにはするしで、お互いにカルチャーショックの連続でした。しかし、おばあちゃんは子供好きだったので、すぐに子供たちと打ち解け、子供たちも自然とおばあちゃんに寄り添っていくようになりました。

子供は大きくなると、だんだんとおばあちゃんから離れていきます。そうなると、また次の赤ちゃんを授かり、また次、また次というように、結局は七人の子供をお与えいただきました。だから、いつもおばあちゃんの周りには、小さい子の声が聞こえていたように思います。

毎日の生活の中ではいろいろなことがあり、時には私も不足しました。おばあちゃんも不足に思うことがあったと思います。そのたびに親神様から身上《みじょう》や事情を見せていただき、お互いの心の持ち方を反省しながら家族の心を寄せ合っていきました。

おばあちゃんは五年ほど前から、だんだんと認知症も進んできて、一人で動きづらくなっていました。それまでは寝込むことが嫌いで、人の世話にはなりたくないという一心で頑張っていたようですが、年齢には勝てず、だんだんと甘えてくると同時に、頑固さも強くなっていきました。でも、そうなると、私もおばあちゃんといろいろなことを言い合える関係になり、お互いが本音でぶつかれるようになっていったのです。

主人から「二人のバトルはすごいなあ」と言われたことがありますが、バトルをした後でも、お互いにケロッとして「今日、何食べる?」と言っているのですから、「二人には負けるわ」と主人も笑っていました。いま思うと、そのころから〝本当の家族〟になっていったのでしょう。

おばあちゃんは、時には子供と一緒になってお菓子やパンツを隠すようになり、とうとう、おつとめの笛まで隠してしまって、家族で大捜索をしたこともありました。

今年に入ってから、自分で食事を取りにくくなったので、近くの病院に入院することになりました。入院してからは、食事時に、なるべく子供たちも一緒に連れていくようにしました。おばあちゃんは、最初は「食べたくない」と駄々をこねていても、賑《にぎ》やかな子供たちの声が聞こえてくると、「あー、待っていたよ。一緒にご飯食べよう」と、子供をベッドに乗せ、同じスプーンでご飯を食べ合っていました。そのときは子供に先に食べさせ、あとから自分が食べていました。本当に子供が好きなんだなあと思いました。

末っ子の二歳の娘は、おばあちゃんのベッドの上が大好きだったので、私たちが知らぬ間に一人で病院まで歩いていき、警備員さんから「子供さんが来ているよ」と連絡を受けて、びっくりして迎えに行ったこともありました。

いつも賑やかなベッドの様子を見ていると、おばあちゃんは来生、たくさんのわが子に囲まれて、温かい家庭を持つことができるんじゃないかと思わずにはおれませんでした。

そして、五月晴れの緑鮮やかな日、おばあちゃんは九十一歳で眠るように出直しました。

その日の夜、九人の家族みんなが、おばあちゃんの周りで一緒に休みました。

自転車の後ろに段ボール箱をくりつけて、その中に子供を乗せて買い物に行ったときのことや、お弁当を持って吉野の桜を見に行った日のこと、「たすけて！」という声で見に行くと、介護用のベッドを子供たちが操作して、ベッドとおばあちゃんが直角に折れ曲がっていたことなど、いろいろなことが思い出されました。

最後のお別れのとき、子供たちみんなが大声で泣きながら、おばあちゃんとの永遠《とわ》の別れを心から悲しみました。

上級の会長さんが「この前会長は、何もかも投げ捨ててお道に飛び込み、地道に神様の御用をつとめてこられました。だからこそ、一番の望みである家族団欒という姿を与えてもらい、大好きな子供たちに囲まれて、本当に幸せなおばあちゃんでした」とお話しくださいました。

私自身、おばあちゃんに対して、満足なお世話ができたかどうか自信はありません。「もっと声をかければよかった」「優しくしてあげればよかった」と、後悔することばかりです。でも、血のつながりはなくても、子供たちがおばあちゃんを〝本当の家族〟として受け入れ、一緒に泣き笑いをしてくれたおかげで、少しでもおばあちゃんに喜んでもらえたのではないかと思います。

お別れのとき、泣きじゃくる子供たちに、誰《だれ》かが、「おばあちゃんはお星さまになったんだよ。いつでもみんなを見守ってくれているわ」と言いました。その言葉を、五歳の息子は覚えていたのでしょう。

花火の夜、家族で空を見上げながら、「今度はおばあちゃんの大好きだったお好み焼きを、みんなで食べようね」と声をかけました。たくさんの星が、嬉しそうにキラキラと光ったように見えました。

たどり着いた本当の家族団欒

石田《いしだ》尚志《たかし》
総合育成支援員・53歳・京都市下京《しもぎょう》区

わが家には少し大き過ぎると思っていたテーブルが、いまはいっぱいの笑顔にあふれている。

認知症の父と、ほとんど目の見えぬ母のことを思うと、決して幸せな家族とは言えないかもしれない。けれど、三人の娘はそんな祖父母を大切にし、妻は自分の父母のように慕ってくれている。こんな情景にたどり着けるとは、かつては夢にも思わなかった。

教育大学付属小学校で働いていた僕は、〝午前さま〟が続くような厳しい勤務の連続だった。

体か、家庭か、学級か。やがて、いずれかが壊れるだろうと感じていた。必死で学級を守った結果、体と家庭が壊れてしまった。でも、それに気づくまでには時間がかかった。

まず、異変は家庭に現れた。父が事業に失敗し、数千万円の借金を抱えた。僕はその保証人。妻が金策に走り回ってくれた。

元来、父は至って勝手な人で、僕と母は、愛人問題や繰り返される借金で苦しめられた。今回の倒産で四度目の借金だった。僕が子供たちのために残しておいた預金も底をついた。

やっと借金返済のめどが立ったころ、父は脳溢血《のういっけつ》で倒れた。僕は、赴任先を替える決心をした。

満足に体を動かすことができなくなった父と、それを支える母を交えて一家七人、百円のジュースを買うことすらためらうような生活が始まった。

初めはそれで一応の落ち着きを取り戻したが、やがて今度は母の体に異変が起きた。左目に黒い幕のようなものが垂れ下がってきたのである。大学病院で二カ月近く待たされ、下された診断は「失明」であった。

母の入院中、僕は学校帰りに病院へ通い、母に毎日おさづけを取り次がせていただいた。母は、教祖《おやさま》のひながたを支えに、つらい手術を耐えたという。

やがて母も退院し、なんとか普通の生活を……と思っていた矢先、母の右目に同じ症状が現れた。すぐに緊急手術となった。

母の手術が終わるのを待って、ようやく家に帰り着くと、父が家族の留守を狙って、工務店に家の改築を依頼していた。父は、昔から何かあると、すぐに普請をするのが好きだった。

僕の我慢は限界に達し、父と激しく言い争った。僕も父も、心身ともにボロボロになった。

家庭がそんな状態だったうえに、学校でも、一人では到底こなせない仕事を任され、きりきり舞いだった。そのうち夜も眠れなくなり、一カ月で十七キロも痩《や》せた。精神的な限界を感じ、病院を受診したところ、診断結果は「抑うつ状態」だった。

ここから、七年に及ぶ闘病生活が始まった。パニック症候群も併発し、薬はどんどん増えていった。薬の副作用でわずか三十秒もじっとしていられなくなり、家の中を一日中歩き回った。苦しさから、自殺ばかりを考えていた。日に何度も母におさづけを取り次いでもらい、「よろづよ八首」を幾度となく踊らせていただいた。そのときだけは、心が落ち着いた。

一方、父は日ごとに弱っていき、認知症の症状が認められるようになった。僕たち一家は、それこそ貧に落ちきってしまい、互いにたすけ合わなければ生きていくことができなくなった。

そんななか僕は、体調の良いときは教区の「道の教職員の集い」が運営する「なるほど塾」という活動に参加し、中学三年生に高校進学の指導をしていた。僕にもまだ役に立てる場所があるんだという実感を得ることができて、嬉《うれ》しかった。

日々の闘病を支えたのは、家族の存在が一番だったことは言うまでもないが、河合隼雄《かわいはやお》先生の著書や『ゲド戦記』などの児童文学、中島《なかじま》みゆきさんの『誕生』『糸』『ホームにて』などの歌も、大きな心の支えになった。

ある日、所属教会の会長から父に、「修養科へ行かないか」というお誘いがあった。半身不随の父だったが、入ることを決心してくれた。僕たち家族は、父を励ますため、時間を作ってはたびたびおぢばへ足を運んだ。

周囲の人たちの助けを借りながら、父は無事に修養科を了《お》えることができた。

一方、僕の症状は一進一退だった。何度か復職したが、すぐにパニック発作を起こし、また療養に戻ることを繰り返していた。僕の闘病中は、ちょうど子供たちの思春期と重なっており、家族には本当に苦しい思いをさせたと思う。

そして、発病から七年目。僕は退職することを決めた。小学校の担任は、児童たちにとって「オンリーワン」の存在であるからこそ、常にベストの状態を保つ責任があると考えていたので、それができないのなら、退職は仕方のないことだった。「復職しなければ」という焦燥《しょうそう》感とプレッシャーから解放され、僕の症状は徐々に快方へと向かっていった。

父の病状は日々悪化し、ほとんど動けなくなり、車いすでの生活を余儀なくされたが、成長した娘たちがよく世話をしてくれた。

母と僕と妻は、朝夕のおつとめ、そして教会の月次祭を勤める中で、苦しかった日々を振り返っていた。

僕の家の信仰は、祖母の代からだった。金銭的には恵まれていたと思うが、家庭内にはいつも争いごとが絶えなかった。どことなくみんなバラバラで、家族が一緒に食事をすることもなかった。子供時代の僕から見ても、何かが欠けている家庭だった。父と母、そして僕の病気で、財産のほとんどを失ったが、不思議と家族の絆《きずな》は強くなり、お互いにたすけ合うようになった。

いま僕は、総合育成支援員として小学校で授業や学習活動の支援をしつつ、小さな塾を始め、子供たちとの学びをコツコツと続けている。父母は年金を頼りに肩を寄せ合って暮らし、夕方になると、学校から帰ってきた娘に車いすを押してもらい、妻の作った夕食を食べにやって来る。テーブルには一家七人がそろい、質素だが楽しい夕食が始まる。

父は席に着くなり、むさぼるように食べ始める。母は両目ともほとんど見えないのに、器用に箸《はし》を使って食事を取っている。娘たちが、それとなく気づかってくれていることがよく分かる。

僕と妻は、二人で協力しながら苦しい家計をやりくりして生活を支えている。

いま、僕たちはやっと、家族の団欒《だんらん》を手に入れることができたような気がする。

余計なものはいらない。

「成ってくるのが天の理」というお言葉が身に染《し》みる。

初めから、いつも家族団欒の生活を送っておられる家庭も多いと思う。僕たちの家庭は、いんねんをもって寄せ集められ、多くの身上《みじょう》・事情を経て、ようやく一家団欒にたどり着いた。

妻と近所の公園を散歩しながら、こんな家庭もまた幸せなのだと噛《か》みしめる日々である。

「お父ちゃん、ありがとう」

仮家《かりや》さやか

主婦・34歳・三重県熊野《くまの》市

世間では「マザコン」といって、母親に過度な愛着を持つ男性がいるが、私の場合、父親に対してそうである。いわゆる「ファザコン」だ。

父は、容姿もまあまあ男前で、責任感が強く、常に向上心を忘れない。娘として尊敬できる自慢の父親だ。恋愛関係のことはさすがに話せなかったが、友達とのトラブルや、つらく悲しいことがあれば、いつも父に相談していた。

そんなときの父の言葉は、こうだ。

「こうやっていろいろなことが起きてくるのは、つらいやろう。でもこれは、さやかの〝心の筋トレ〟や。立派な人になるために、力を付けとんねん。だから、負けたらあかん。絶対にいい方法がある」

こうやって、いつも励ましてくれるのだ。

私は、「結婚するなら父のような人と……」と心に決めていた。そんな父と母が築いた家庭は、家族みんながとても仲良しで、毎日笑顔が絶えない。それぞれの部屋があっても、自然とみんなが寄り集まって語り合うのが常だった。家族団欒《だんらん》の楽しく幸せな毎日が、ずっと続いていくに違いないと信じていた。

平成十七年九月。その日は、わが家の講社祭の日だった。おつとめを終え、夕食の時間。私の得意料理を並べ、みんなでテーブルを囲んだ。

そのとき父が、「さやか、悪いけど、お父ちゃんにうどん作ってくれんか」と言った。「どうしたの?」と聞くと、最近、下痢《げり》が続いているとのこと。そのときは、ただお腹《なか》の調子が悪いだけだと思っていた。

三カ月後の十二月。私は第二子を出産して入院中だった。その日は、父と妹が面会に来てくれた。不意に、父がトイレに駆け込んだ。妹に聞くと、いまだに下痢が続いているとのこと。私はいぶかしく思った。三カ月も下痢が続くなんて、聞いたことがない。地元の病院では「食べ過ぎ」と診断されたという。時折、治まることもあるようだし、「病院で診てもらっているのなら安心」と胸を撫《な》でおろした。

さらに一カ月後。父の下痢は続いていた。さすがに、みんな心配になり、大きな病院で精密検査を受けることになった。検査の後、母だけ別室に呼ばれた。

「ご主人の膵臓《すいぞう》に三センチ大の腫瘍《しゅよう》が見つかりました。おそらく悪性だと考えられます。ご本人に告知しますか？」との医師の言葉に、母はうなずいた。検査を終えた父が入ってきた。医師の告知に、父は「あと、どれくらい生きられますか？」と尋ねた。医師は「言ってもよろしいですか」と前置きし、重い口を開いた。

「もって半年です……」

その言葉を聞いた直後から、〝笑顔の絶えない家族〟は〝笑顔のない家族〟に一変した。

二日後、治療方針について相談するため、家族が集まることになった。私は実家へ帰る道中、どんな顔で父に会えばいいのか、どんな言葉をかけたらいいのかを考えた。しかし、出てくるのは涙ばかり。でも、「父の前では絶対に泣かない！」と心に決め、涙を拭《ぬぐ》って実家の玄関のドアを開けた。

真っ赤なセーターを着た父が出迎えてくれた。父は「ごめんな、お父ちゃん、こんな病気になってしもうて……」と言った。私は心の動揺を隠して言った。

「何言いよんのよ!!　神様にたすけてもらうんやで!!」。必死だった。

その後、次々と家族が集まってきた。みんな父の病気のことにはふれず、必死に笑顔をつくろうとしている。なかなか、その話をすることができなかった。

その日の夕づとめ後、父は諭すように、ぽつぽつと話し始めた。

「お父ちゃんは、こんな病気になってしもうて、お医者さんからは余命を宣告されたけど、出直しもご守護なんや。だからと言って、死ぬのを待つんじゃなく、あきらめずに病気と闘っていく。みんなに迷惑をかけるけど、頼むな！」

みんなで大声をあげて泣いた。

治療方針は、全員一致で「父の思う通りに」でまとまり、少しでもおぢばに近い場所ということで「憩《いこい》の家」へ転院。週に一度、抗がん剤治療を受けることになった。家から「憩の家」までは車で片道三時間の道のりだが、父は、満開の桜の写真を撮ったり、山菜採りをしたり、治療の最中も音楽を聴いたりするなど、どんな中でも楽しみを見つけ、現実に正面からぶつかっていった。そんな父の姿に、家族のほうが励まされた。

それから半年間というものは、がんを忘れるくらい元気になり、毎日を笑顔で過ごさせていただいた。「このまま治っていくのでは？」と思えるほど、私たちの生活も元に戻りつつあった。

しかし、そんな甘い話があるはずもない。父は次第に布団で横になる時間が長くなった。その姿に、私はまた涙を流すようになった。しかし父は、悔いのない毎日を一生懸命に生きているようだった。ある日のこと、車に詳しかった父は、体がふらふらになりながらも、車の修理を買って出たこともあった。愛用していた身の回りの物は、すべて家族に譲り渡した。

あるとき、ふと気づいた。父はいつも決まって、同じ真っ赤なセーターを着ていた。私は不思議に思い、「なんで、いつもそんな変な服着とんの？」と聞いた。「お父ちゃんが元気なころは、このセーターを見て、『こんな恥ずかしいもん着れん！』って思ってたんや。でも、いまは気持ちが負けんように、がんに負けんように、この服を着とんねん」と言った。

私はハッとした。「父は懸命にがんと闘っているんや。いまは、父の思いを素直に受けとめることが、父にとって一番嬉《うれ》しいことなんだ」と思い、それからは何ごとも素直に喜ぶように努めた。

その年の十一月、父は下血で入院。その後、いったん退院するも、今度は食事が困難になり再入院した。

そんななか、私たち姉妹には、前々から計画していることがあった。それは、妹の所属する天理教校学園高校マーチングバンド部の、全国大会出場を見に行くことだった。マーチングバンド部の練習が毎日のように「憩の家」まで響き渡り、それを聴くのを父は楽しみにしていた。

田舎育ちの私たちにとって、七時間の長旅は大冒険だったが、家族の一手一つの気持ちが不安をかき消した。まるで神様が後押しをしてくださっているかのように、道中、何ごともなく会場に到着した。

たくさんの団体のなか、教校学園高は堂々の演奏・演技を披露した。そして結果発表。

「グランプリは……」

スポットライトが各団体を照らし、場内が静まり返る。

「天理教校学園高等学校マーチングバンド！」

歓声と同時に、スクリーン全面に妹の顔が映し出された。涙でぐちゃぐちゃだ。妹は、マーチングバンド部初の女子キャプテンという大役を担っていた。さらに父の病気も重なり、本当にいろいろと悩み、苦しんだことだろう。そのことを思うと、私たちの頬《ほお》にも涙が流れた。

その様子は、携帯電話のテレビ電話を通して父にも伝えられた。父も病室で、人目もはばからず大声で泣いていた。神様から、まるでテレビドラマのようなプレゼントを頂いた。

正月。父の特別外泊が許可された。早速、いつものように家族が寄り集った。

みんなそれぞれ都合があり、たった一時間の家族団欒であったが、以前の〝笑顔の絶えない家族〟がそこにあった。父を囲んでの家族団欒はこれが最後になるだろうと、誰《だれ》もが分かっていた。笑顔の中に、寂しさも複雑に混じり合っていた。最後に、父を中心に一枚の写真を撮った。

翌日、父にマッサージをしていると、こうつぶやいた。

「ありがたいなあ。お父ちゃんは、病気になっても最先端の医療を受けられる。でも海外に目を向ければ、同じ病気でも治療を受けられず、苦しみながら亡くなる人がたくさんいる。お父ちゃんは幸せやなあ」

こんな苦しい状況で、そんなことが言える父を尊敬した。父のやせ細った背中を見て、無性に抱きしめたくなったが、恥ずかしくてできなかった。

父が病院へ戻って数日後の早朝、危篤《きとく》の連絡があり、家族が集まった。

「今日、明日が峠です。万が一の場合、延命処置を希望されますか？」と医師は尋ねた。家族みんな、気持ちは一つだった。

「しないでください」

苦しみを喜びに変え、父はがんと闘ってきた。もう十分頑張った。父を楽にしてあげたかった。

それから奇跡的に意識を取り戻したが、九日後、父は眠るように息を引き取った。五十四歳という若さだった。

父を連れて帰る道中に見た朝日は、妙にまぶしく、まるで夢の中にいるようだった。つらく、悲しかったが、長い長い闘病生活はこうして終わった。

葬儀の後、父の部屋に入ると、あの真っ赤なセーターが目に飛び込んだ。父の姿が目に浮かぶ。

「お父ちゃん！」

私は、そのセーターを抱きしめて泣いた。あのとき、なぜ父の背中を抱きしめなかったのだろう。後悔で胸が締めつけられるようだった。

父は生きられるものなら、もっともっと長生きをしたかっただろう。しかし父は、どんな中でも楽しみを見つけ、苦しみを喜びに変えることを、私たちに命がけで教えてくれた。父はお道の信仰をしていたおかげで、余命を宣告された絶望の中でも、最期の最期まで〝陽気ぐらし〟の生き方を求めたのだ。本当に幸せな生涯だったと思う。

あれから三年。あの日の家族写真を、ようやく正面から見ることができるようになった。あらためて見ると、やはり父は、なかなかのいい男である。私はこれからも、誇りを持って「ファザコン」でいようと思う。

私は現在、父に少し似ている夫と、三人の子供たちと幸せな生活を送っている。父の築いた〝笑顔の絶えない家庭〟を受け継ぎ、家族が自然と寄り集う、そんな温かい家を守っていくことが、父への一番の親孝行なのだと思う。

「お父ちゃん、ありがとう」

ないないづくしの家族団欒

谷口利隆《たにぐちとしたか》
道専務・65歳・和歌山県橋本《はしもと》市

三人の税務署員が突然やって来たかと思ったら、家じゅうの家財という家財にべたべたと紙を張り、またたく間にどの部屋も花が咲いたようになった。当時、小学校低学年だった私には、いったい何が起きたのか分からなかった。母は「もう張るところはないの？　なんだったら、私の口にも張ったらどう？」と気丈にも立ち向かっていた。

昭和二十六年、両親は長年営んでいた家業を畳《たた》んで教会設立のお許しを頂いた。しかし、その翌年には、前年度分の税金を支払わなければならない。納めるお金がなければ、家財の差し押さえとなる。税務署員が張り紙にやって来たのはそのためだと後年、母から聞かされた。所有していた田畑や牛も、間もなく人手に渡った。

当時は、祖父母・両親・きょうだい七人・叔父《おじ》夫婦の十三人が一つ屋根の下に暮らしていた。食事は二交替制。おかずはほとんどなく、薪《まき》で炊《た》いた一升のご飯は、一度の食事できれいになくなった。釜の底に残る香ばしいおこげは、おかずがなくてもおいしかった。

ある日、父が一本のようかんを土産《みやげ》に持ち帰った。こんなときは、決まって二歳上の兄が定規を持ち出し、ミリ単位で一人分の量を計算し、実に正確に包丁で切り分けてくれた。糖分が貴重な時代、久しぶりに食べるようかんの甘かったこと、このうえなかった。

そんな何もかもが乏しかった時代に、肩を寄せ合って暮らした教会生活の思い出は、五十年が過ぎ、五人の孫を授かったいまも、私の脳裏から消えることはない。

大家族を抱えながらも、いつも変わらず前向きに家計を切り盛りする母に、毎月の学級費の袋を渡すのが一番つらかった。

小学校高学年になった私は、教会のすぐ横にあった叔父の製材所でアルバイトをさせてもらった。丸太の皮むきや、薪の束を作るといった、根気と体力だけが頼りの単純作業だ。一カ月分のアルバイト代を受け取ると、自分で計算した額より中身が多かった。叔父の優しい心づかいを感じた。

教会の敷地の一角に、にわとり小屋があり、それを掃除するのが私の役目だった。糞《ふん》を集めてきれいにし、卵を回収する。そのとき、卵を一つ失敬し、もめん針で上下に穴を開けて、中身をチューチューと吸う。産みたての卵は特別おいしい。見た目には穴が開いていることは分からないので、そのまま集めた卵の中に交ぜて母に渡した。毎回一個、空の卵があるのに、母は一度もとがめなかった。

高校三年生時の修学旅行の行き先は九州だった。毎月の授業料と旅行積立金は、アルバイトで稼いだお金で納めていたが、旅行の日が近づくにつれて級友たちが交わす会話は、もっぱらお小遣いのことだった。私にはそんな余裕もなく、母に内緒で学校へ不参加の届けを出した。

旅行から帰ってきた級友たちが、額入りの阿蘇《あそ》山の絵画を届けてくれたことで母に不参加を知られてしまったが、母は何も言わなかった。しかし、何より驚いたのは、私のためにお小遣いをはたいて、こんなに大きな額入りの絵画を旅行先から持ち帰ってくれた級友たちの真心だった。

二十八歳で結婚、妻とともに養護施設の住み込み職員として十二年間、さまざまな家族の姿を目の当たりにしてきた。

入所している三十人の子供のほとんどが、離婚によって親が養育に行き詰まり、児童相談所を通して入所したケースだった。一日も早く生計を安定させて引き取り、再び家庭を築きたいと願って子供を預けても、早々に迎えに来る親は少ない。虐待や入院などで親子が同居できないケースを除いて、月に一度、あるいは年に数度の面会、盆と正月には短期の帰省がある。そのどちらもない子供たちが、面会や外泊で迎えに来る親子を遠目に見ながら、家庭や親の存在を打ち消そうとする姿は痛ましく、いまも目に焼きついている。

その一方で、私たち夫婦は、一人また一人と子供を授かった。私の心は複雑だった。久しぶりの休日、妻と五人の子供を連れて出かける際は、まず私が先に車で出て、少し離れた場所で妻と子供を乗せてから出発した。自分の子供と同年代の、施設の子供たちに対する精いっぱいの配慮だった。

そうした養護施設での貴重な体験から、夫婦・親子、家族のあり方を学び、さまざまに考えさせられた。四十歳になった私は施設を退職し、布教を決意した。格安の古い借家には、畳も建具も風呂もない。水道と電気が通っているだけ。知人から畳と建具を頂いて、ようやく住めるようになった。

入居から一週間が経《た》った日の真夜中、突然、大雨が降りだした。ポツン、ポツンと雨漏《も》りの音で目を覚まし、あわてて洗面器やたらいを用意した。家中八カ所の雨漏りによって、寝る場所がなくなった。雨漏りは受ける器で音が変わる。まるで音楽を奏でているように聞こえ、妙に楽しい気分になった。翌朝、特大のブルーシートを買い、屋根全体をすっぽりと覆うことで、事なきを得た。

朝食はもっぱら、パン屋を経営していた家主さんが下さるパンの耳や切れ端だった。子供たちが食べやすいよう、ケチャップやマヨネーズを塗ってオーブントースターで焼き、「ピザが出来たよ！」と言って出す。もちろん、本物のピザなど見たこともないし食べたこともない。これが不思議とおいしく頂けるのだ。

少しぜいたくをして卵かけご飯のときは、家族七人で二個の卵を分け合った。大きなボウルに七人分のご飯と卵を二個、それにしょうゆを入れてかき混ぜる。全体に卵がふわっとからまり、おいしかった。

いまでは子供たちも成長して、それぞれ独立して家庭を持ち、本物のピザを食べ、一人一個の卵かけご飯を食べているだろう。時々顔を合わせて子供時代の話になると、やはり懐かしそうに、あのピザや卵かけご飯のことが話題に上る。子供たちが「あのころ食べた物は何でもおいしかった。苦労を感じたことはない」と言ってくれることが何より嬉《うれ》しい。

「ないないづくしの家族団欒《だんらん》」が、確かにそこにあった。


この地で布教を続けるうちに、実にさまざまな家族と出会った。

坂本さん一家は、ご主人と奥さん、長男夫婦、孫四人の八人家族で、ご主人が八年前に脳梗塞《のうこうそく》で倒れ、左半身不随となり、歩行困難な状態だった。そこへおたすけに通わせていただき、本人の懸命のリハビリの甲斐《かい》もあって、車いすを使わず、四本脚《あし》の杖《つえ》だけで歩けるまでに回復。いまでは二〇〇メートルくらいなら、杖なしで歩くことができる。

坂本さんにおさづけを取り次がせていただくとき、四人の孫のうち一番下の二歳の女の子は、正座して坂本さんと私の顔を交互に見ながら最後まで付き合ってくれる。時折、私の膝《ひざ》にちょこんと座りに来る姿は大変可愛《かわい》らしく、微笑《ほほえ》ましい。

坂本さん夫妻を別席にお誘いして、月に一度おぢばへ帰らせていただいた。往復四時間の道中、長男の嫁に対する奥さんの不平不満が息つく間もなく続いた。私はそのたびに「ご夫婦、息子さん夫婦、孫の三世代八人が、一つ屋根の下で暮らしている坂本さんの家庭は、家族団欒の模範で素晴らしいですね!」と言い続けた。いつしか長男の嫁への不足話は消え、むしろ褒《ほ》めるほうが多くなってきた。別席を運び、おさづけの理の拝戴《はいたい》へと進むうちに、家族の状況は以前と全く変わらないのに、不足の心が湧《わ》かなくなったのだろう。ご主人の身上《みじょう》だすけを通して、家族の心だすけのうえにもご守護いただくようになった。

いつだったか、母に「利隆」という私の名前の由来を尋ねたことがある。「社会に役立つ人になること」が、その意味だと教えてくれた。亡き母のその言葉を、私は信じて今日まで生きてきた。その意味が正しいのかどうかは別として、そう信じて生きてきたからこそ、いまの私の生き方の基本がある。

同様に、私たち人間の生き方も「人間を造り、その陽気ぐらしをするのを見て、ともに楽しもうと思いつかれた」との親神様の思召《おぼしめし》を丸ごと信じて、その実行・実践を、日々の生活の中で心がけていくことが、真の幸せの元になると思う。

想像もしなかった世界

八杉《やすぎ》智津《ちづ》
教会長後継者夫人・29歳・兵庫県姫路《ひめじ》市

私が十二歳のとき、二人の姉が社会人となり、家を出て二人で暮らし始めた。

十五歳になり、私は高校入学。家を出て、寮生活が始まった。

進学、就職と、実家からの距離は次第に遠くなり、実家に帰ることはほとんどなくなった。

天理教から、そして「道につながることの大切さ」を説く母の〝お小言〟から、逃げていたのだと思う。

仕事を休めない、たまの休みの日は体を休めたいと、帰省「できない」理由探しに余念がなかった。

年に二、三回しか帰らない私に、口うるさく諭すのではなく、私が「帰りたい」と思えるまで、母はじっと待っていてくれたのだと、いまにして分かる。

その間に姉たちは結婚し、子供を産み、気がつけば両親は「おじいちゃん・おばあちゃん」になり、家は「孫たちが寄り集う場所」になっていた。

度重なる偶然の出会いに親神様のお引き寄せを感じ、「逃げられないのなら、いっそ自分から向かっていってみよう」と思ったのは、二十四歳のころだった。

久々に帰ってきた放蕩《ほうとう》娘を、おぢばは何ごともなかったかのように迎え入れてくれた。そのときの安堵《あんど》感からようやく、意地を張り、疲れきっていた自分に気づいた。やはり、私は帰りたかったのだ。

実家へ、所属教会へ。恐る恐る帰ってみたが、バツの悪い思いをしているのは私だけで、開き直ってしまえば、そこにはただ「温かな家族」がいるだけだった。

考えてみれば、それは私が素直になれなかった思春期のころから、十年以上も失っていたものだった。いや、もはや自分にはないものだと思い込んでいた。自分は求めていないのだと思い込んでいた。

それを自覚したころから、高校時代の友人とのお付き合いが始まった。

不思議なことに、それまで執着していた仕事の問題は、次々と解消されていき、自分なりに一生懸命できたという達成感、満足感を得ることができると、「この仕事から一生離れたくない」という思いが、いつしかなくなっていた。

結婚に、迷いはなかった。

結婚が決まってすぐの、義母《はは》の言葉が忘れられない。

「娘が帰ってくるのね。みんな『嫁と姑《しゅうとめ》』になろうとするから、お互いに苦労するのよ。私たちは〝親子〟に戻るのよ」

結婚相手は、教会の長男。しかし、義母のこの言葉のおかげで、教会長後継者の嫁というプレッシャーを感じることはなかった。

末っ子の私に、思いがけず五人もの弟と妹ができたが、誰《だれ》もが新参者の私を温かく迎え入れてくれた。「さすが、あの義母の子供たちだ」と内心、舌を巻いた。

教祖《おやさま》の御前で結婚を誓い、お許しを頂いたその日から、ちょうど一年が経《た》った今年の二月、長女を授かった。

一年間、新婚生活を送らせていただいたおぢばを離れ、娘を連れて、教会に住まわせていただくことになった。

目覚めれば、隣に夫がいる。娘が寝息を立てている。階下に降りれば、父が新聞を読み、母がお茶を沸かしてくれている。妹が娘を抱き上げに来てくれる。弟が出社の用意をしながら、朝食を食べている。神殿へ行けば、親神様、教祖を感じさせていただける。時間になれば、日参の信者さんたちが来て、娘をあやしながら談笑される。月次祭には、日ごろなかなかお会いできない信者さん方も、親しく接してくださる。

それらすべてが日常のひとコマであり、私にとっての家族団欒《だんらん》。

いま、遅ればせながら、修養科に置いていただいている。同じ詰所の修養科の先輩、同期生。先生方や、勤務者の方々。たくさんの、本当にたくさんの人々のお世話になりながら、親子三人、毎日楽しく道を求めさせていただいている。

子連れで、迷惑や不便をおかけしているにもかかわらず、温かく受け入れてくださり、心が安らぐ。

実家の両親や姉、その子供たちもおぢばの近くにいて、心を配ってくれる。すべてに家族団欒を感じさせていただける。

私の家族はなんと大家族で、賑《にぎ》やかであることか。つい数年前までの、おぢばへ足も向けなかった私には想像もしなかった世界。しかし、あのころの無自覚の寂しさがなければ、これほどまでに懐かしさ、慕わしさ、そして何より喜びを感じることはなかった。

私の放蕩ぶりも、全くの無駄にはなっていないんじゃないかな、などと自分に都合のいい解釈をしながら、いや、そんなことを考えていては、をやに叱《しか》られるな、感謝の思いを表さないといけないなと、日々思いを巡らせている。

まだ幼い娘も、「家族っていいなあ。安心できるなあ」と、そんなふうに思ってくれるように日々を過ごしていきたい。そしていつの日か、彼女なりの家族団欒に気づいてくれる日が来ることを願って、この道を通らせていただきたい。

新たなる出発に向けて

兼光《かねみつ》いく代《よ》

主婦・45歳・東京都品川《しながわ》区

わが家には「おふくろの味」として思い浮かぶ料理も、「家族団欒《だんらん》」の姿だと思える写真もない。飲食店に勤める主人。アルバイトをしながら大学へ通う息子。社会人一年目の娘。そして私。生活サイクルも皆バラバラで、四人そろって食事をすることはほとんどない。

それでも、私たちの心は温かい。

平成十七年三月、私は高熱を出して救急車で病院へ運ばれた。インフルエンザだろうと思っていたが、医者の口から出た言葉は「敗血症《はいけつしょう》です。原因が分からないと、治療できません」。次々と検査に回され、翌日、私と家族に告げられた病名は「白血病」だった。

主人はかわいそうだと涙ぐんでくれたけれど、私は平気だった。前日からの検査に疲れきっていた私には、「ああ、これでちゃんとした治療が受けられる」と思えたからだ。

血液内科のある病院へ搬送された。敗血症がひどく、いつどうなるか分からない危険な状態だった。そう言われても、不思議と私には不安も絶望もなかった。ただ、素直に「そうなんだ」と思った。

最近になって知ったことだが、このとき主人は、主治医から覚悟をするようにと言われていたらしい。それを一人で受けとめた彼の心を思うと、胸が痛む。四〇度を超す高熱からくる極度の悪寒《おかん》。膿瘍《のうよう》（正常な白血球がないことによって体中にできる膿《うみ》の塊《かたまり》）による激痛。途切れる意識のなか、一月にわが家にお祀《まつ》りした神実様《かんざねさま》のことが頭に浮かび、どこからか「いく代たちに持ってもらいたい〝荷物〟がある」という声が聞こえてきた。

「この身上《みじょう》のことだ！　私が持つ‼」と思った。もし主人が持つことになったら、かわいそう（体が大きく、とても頼りになる主人だけれど、このときは、なぜかそう思った）。子供たちだったら、切なくて私が耐えきれない。絶対に代わってやりたいと思うだろう。家族四人のうち、誰《だれ》かがこの〝荷物〟を持たなくてはならないのなら、私が頑張ればいいと思った。

痛くて、苦しくて、つらかった。でも、主人ではなく、子供たちでもないことがありがたかった。

「今夜ひと晩、置いてください」「なんとか、今日一日」。ほかには何もない。意識が戻るたび、ただそれだけを神様に願った。

酸素マスクとオムツを着け、点滴につながれ、ナースコールを押すことしかできない私の姿を目の当たりにした主人や子供たち、親、きょうだい。それぞれ何を思い、どう神様と向き合ったのだろうか。

私の入院は半年に及んだ。その間、引っ越したばかりの慣れない家で親子三人、よく頑張って暮らしたと思う。特に主人は、深夜までハードな仕事を続けながら、おさづけの取り次ぎに病院へ通ってくれた。それまで、ほとんど私に任せっきりだった家のこと、子供たちのことも必死で取り組んでくれた。

特に、娘はこの時期、精神的に不安定で、よく学校から連絡があった。そのたびに主人は学校へと足を運び、担任の先生と話し合い、娘のメンタルケアもちゃんとやってくれた。

忙しい父親が自分のために時間を割《さ》いてくれる。どれだけ自分が愛されているか、大事に思われているかを、娘は実感したと思う。彼女にとってこのことは、将来に向けての大きな心の糧《かて》になったに違いない。

「家族団欒」。それは、一緒にご飯を食べることだけでも、一緒に暮らすことだけでもないと思う。「相手を心の底から大切に思うこと」「愛されていると実感すること」ではないだろうか。

「子・孫」に始まり、「きょうだい」「友人」「恋人」「夫婦」「親」……ほかにも仕事や立場により、一人の人間の呼び方は増えていく。その数の分だけ、人との関《かか》わりがある。その一つひとつが、温かい思いで通じ合えたなら――。

おかげさまで、私の病気の治療は、この十一月で一段落を迎えた。神様と家族、そして真実をお寄せくださったたくさんの方々に、心から感謝したい。

これを機に、何かさせていただきたいと、『天理時報』の手配りひのきしんを申し出た。早速、支部の先生が手続きに来てくださった。そのお話の中で、思いがけず、大教会長様と、おたすけに足を運んでくださるある先生のお名前を聞いた。

二年八カ月間の闘病生活を経て、発病前の自分をいきなり取り戻せるわけではない。いったい現在の自分が、どこまでやらせてもらえるのか、戸惑いがあった。でも、お心をかけてくださったお二人が、新しいスタートを切ろうとしている私を見守ってくださるように思えて嬉《うれ》しかった。そして、その先に神様がちゃんとおられて、先回りしてくださっているのだなあと思うと、ありがたくて涙が止まらない。

私の〝家族団欒の輪〟は、これからも広がっていく。

みんながいてくれたから

池口《いけぐち》奈奈恵《ななえ》
教会長夫人・34歳・三重県南伊勢町《みなみいせ》

私は三姉妹の長女として教会に生まれました。なので、結婚するなら教会を継いでくれる人ということで、主人を教会長後継者として迎えることになりました。

当時、教会長後継者は大教会青年として伏せ込むという〝決まり〟がありました。私たちが結婚したときも、大教会長様から大教会に来るようにと言われましたが、お互い仕事をしていたので、なかなか踏んぎりがつきませんでした。主人は他系統の教会から来ていたので、大教会へ行っても知らない人ばかりだし、雰囲気も違うだろうからと心配で、返事も延び延びになっていました。

一年目に子供が授かりました。今後のことを考えると、やっぱり大教会に伏せ込んだほうがいいと思い、主人と大教会での青年勤めについて話し合いました。そして、仕事を辞めて家族で住み込ませてもらおうと決めました。でも、私の心は「大丈夫だろうか」「子供連れできちんとつとまるだろうか」と不安でいっぱいでした。

私は何か壁にぶつかると、「神様は、本人が乗り越えられることしかお与えにならない。私にできるから与えてくださっているんや」と考えるようにしています。今回も、そのことを自分に言い聞かせたのですが、「よし、頑張るぞ」

という気持ちが、いま一つ湧《わ》いてこず、不安と不足の日を送っていました。

家族で大教会に住み込むことを友達に報告し、いまの自分の不安を訴えました。友達は、「神様のことをさせてもらうのに、不安なことはないよ。神様がちゃんと先回りをして通れるようにしてくださるよ」と励ましてくれました。その言葉を聞いて、張りつめていた心が一気に解け、涙が出ました。そして、神様にもたれて頑張ろうという気持ちが湧いてきました。

大教会へ向かうとき、父と母から「自分にできることをさせてもらったらいいんだよ。できなかったら帰っておいで」と言葉をかけられました。主人の父からは、「この道を通る者は何を言われても弁解したらいかん。理屈も一切いらん。すべて神様はご承知で采配《さいはい》くださっているのだから」という言葉を書いた色紙を頂きました。そこには「大教会への伏せ込みを記念して」と書き添えられていました。そのほかにも、たくさんの方々からいろいろな言葉を頂き、私たちは大教会に入らせていただきました。

大教会へ行ってからは、主人は青年として、主に事務や、日供神饌《にっくしんせん》の買い出し、お風呂の準備、月次祭の準備などに従事しました。私は主に、炊事のお手伝いをさせていただきました。

生後五カ月になる長男を連れて炊事場へ行き、顔の見える所に寝かして炊事をしていました。慣れてくると、部屋を出るときに子供が寝ていたら、そのまま寝かしておき、炊事場と部屋を何回か行き来して様子を見るようにしました。

あるとき、大教会の奥様から、「ななえちゃん、お炊事のとき、子供をおんぶしておいで」と言われました。この子は普段からあまり寝ないほうだったので、私は子供が寝ている間に何もかもしなければいけないと思っていました。

だから、「寝ているときにおんぶをしたら、子供が起きてしまって何もできない」と、奥様の言葉を不足に思ってしまいました。それでも言われた以上、おんぶをしなければと思い直し、おんぶ紐《ひも》を使って何度も練習しました。

おんぶをして炊事場に立つと、子供と肌が触れ合い、背中に子供の温《ぬく》もりを感じます。また、両手が空いているので、安心して炊事をすることができます。だから奥様は、私におんぶをするようにおっしゃったのかな。「子供と一緒に伏せ込ませていただくということは、こういうことなのかな」と思いました。

このことが分かってから、私はおんぶがとても好きになりました。子供が背中を触ってきたり、私も子供の足を触ったり、ステンレスの食器棚に映る子供の顔を見たり、慌てて炊事をしていて子供の頭を食器棚《だな》にぶつけたり、おんぶをしながらでないと味わえないことを、たくさん味わわせていただきました。

子育ては初めての経験だったので、どのように離乳食を始めたらいいのだろうと不安だったのですが、大教会では煮物が多く、南瓜《かぼちゃ》の煮つけや、ふろふき大根、豆腐など、私がいつから離乳食を始めようかと構えなくても、その日その日に出されたものを食べさせるうちに、離乳食の時期は終わってしまいました。これも神様のおかげだと思いました。

大教会の炊事は、二教会ごとの当番制になっています。また、奉仕の婦人さんが泊まり込みで炊事の段取りなどをされています。ある程度、食事の準備ができたら、少し休憩します。休憩中に、何人もの婦人さんから子育ての話を聞かせていただきました。「昔、私たちはこうやって子育てをしてきたのよ」と、そんな話を聞くと、私も頑張らなければと励みになりました。子育ての大先輩の言葉は心強く、それからは炊事場へ行くのが楽しみになりました。初めての子育て真っただ中の私にとっては、何もかもが新鮮でした。

また、大教会には大勢の方が参拝に来られます。住み込んでいる者としては、そうした人たちの姿を通して、いろいろと見せられることがあります。そのことで私は一時、自分の成人が未熟なために、不足ばかりしてしまう日がありました。そんな自分に、涙が出る日もありました。

そんなとき、仲のいい子育て中の婦人さんが、「ななちゃん、大丈夫?」と声をかけてくださいました。その言葉だけで、私の気持ちを分かってくださっていると思えて、涙が止まりませんでした。そして、いまの正直な気持ちを打ち明けると、その婦人さんは「私も人に対して、いろいろ思うこともあるけれど、そんなことを言うても何にもならんから、とりあえず自分にできることから始めようと思って、大教会に来てるんさ」と話してくださいました。本当にそうだなあと私は納得し、心が落ち着きました。

こうしていろいろある中にも、主人は何一つ不足を言わずに通っていました。お互いにこうやって通っていこうというような話はしませんでしたが、ハッピを着て勇んでいる主人の姿を炊事場から見ていると、「私も頑張らなきゃ」と、力が湧いてきました。

家族みんなが頑張れるようにと、私は全員におそろいの鈴を買い、「がんばりましょう鈴」と命名しました。主人は毎日持ち歩き、私はおんぶ紐に付けていました。その紐で長男をおんぶし、二男が生まれると、二男をおんぶして長男の手を引き、長女が生まれると、長女をおんぶして二男の手を引く、という姿で炊事場に入りました。

二人目が授かったとき、妊娠中毒症になりました。予定日が近かったので、お腹《なか》の子は大きく、「あと二、三日で生まれてこなかったら、帝王切開」とお医者さんに言われました。帰りが少し遅れたためか、婦人さんから「どうしたの?」と尋ねられ、理由をお話ししました。婦人さんは、すぐにおさづけを取り次いでくださいました。すると、その晩に陣痛が来たのです。私は驚きと痛さとともに、親神様への感謝の気持ちで、胸がいっぱいになりました。次の日、無事に三六〇〇グラムの男の子が生まれました。

こんなふうに、出産から育児まですべてにわたって、大教会の方々を通じて、親神様・教祖《おやさま》が導いてくださいました。皆さんから頂いた言葉の一つひとつが勉強になりました。大教会の住み込み中に子育てをすることができて、何よりありがたかったと思っています。

また、家族の支えがあったからこそ、五年近くも大教会で伏せ込むことができました。一人ひとりの力を合わせて一つの家族になると、それぞれが持っている力以上のものを発揮できると実感しました。

あれから丸二年が経《た》ち、長男は七歳、二男は五歳、長女は二歳になりました。自教会へ帰ってすぐ、子供たちに「ここが家やで」と言うと、長男は下を向き、目に涙を浮かべて「大教会も家やろ」と訴え、弟も一緒になって「大教会もやんなあ」と言いました。いまでも大教会へ行くと、「前の家、見てくるわ」と言ったり、「大きいお風呂に入りたいなあ」と言ったり、子供たちにとってはすごく懐かしく、親しみを感じているようです。

私も大教会へ行くと、いろいろなことを思い出します。住み込み中に子供三人を背負ったおんぶ紐は、私にとっては宝物です。このおんぶ紐は大切に取っておこうと思います。

みんながいてくれたから、今日までやってこれました。本当にありがとう。
そして、これからもよろしくお願いします。

はじめの一歩

吉福多恵子《よしふくたえこ》
教会長夫人・54歳・岐阜市

せいちゃんは、二歳の男の子。まぁるいおめめはクリクリッとよく動きます。いつもお口をいっぱいに開けて、大きな声で笑うので、周りの人もみんなつられて、ワッハッハと笑いだしてしまいます。

そんなせいちゃんを見ていると、ママのお腹《なか》の中で大きな病気をして、生まれてきてからも、四カ月もの間、病院のベッドにいたなんて嘘《うそ》のようです。

せいちゃんがママのお腹にいることが分かったとき、パパやママはもちろん、家族みんなが大喜びしました。そして、早く出てこないかなぁって、首をながーくして待っていました。

あるときの検診で、せいちゃんが大きな病気にかかっていることが分かりました。

「もしかしたら、産声《うぶごえ》を聞けないの？」

みんな口には出さないけれど、不安な気持ちでいっぱいになりました。パパもママも、じいじもばっちゃんも、一生懸命に神様にお願いしました。これまでの心の使い方も反省して直していきますと、神様と固く約束をしました。

抜けるような青い空にも、ひまわりの大きな花にも心が躍《おど》らない、つらい夏の日の始まりでした。

やがて、病院の先生の判断で、せいちゃんは、ちょっと早いけれど、この世に生まれてくることになりました。

その日、じいじとばっちゃんは、静岡で神様のお祭りをしていました。参拝した人たちみんなが、せいちゃんが無事に生まれてくるようにと、お願いしてくださいました。そうこうするうちに、ママから「小さい声だけど、泣きました」と、ばっちゃんの携帯電話にメールが入ってきました。

行く夏を惜しむかのように、どこかで蝉《せみ》の声が聞こえました。蝉の鳴き声が、せいちゃんの精いっぱいの産声に重なって、いとおしさが込み上げ、涙があふれました。

小さな体に管《くだ》がいっぱい差し込まれています。機械がブーンとうなり声をあげています。ここはＮＩＣＵ。せいちゃんのような未熟児ばかりが入っている特別の病室です。手のひらに乗るくらい小さいけれど、どの子もこの子も、今日を生きようと懸命に頑張っています。

ママは手術の後でお腹が痛いのに、毎日せいちゃんに会いに来てくれます。パパも仕事が終わると一目散に、せいちゃんとママのいる病院にやって来ます。二人で額をくっつけるようにして、小さなせいちゃんの顔をのぞき込みます。そして、必ずおさづけを取り次ぐのです。

せいちゃんの容体が変わるたびに、喜んだり、悲しんだり。心も体もクタクタのパパとママでした。だけど、さすがはせいちゃんのパパとママです。くじけそうになる気持ちを立て直して、いままで以上に一生懸命、神様の御用に励みました。じいじとばっちゃんと大きいばあちゃんも、教会で毎日お願いづとめをしていました。せいちゃんのことを知っている人はみんな、せいちゃんが元気になるように、神様にお願いしてくださいました。みんなの心が神様に届いたのでしょうか。やがて、病院の先生が言いました。

「よく頑張りましたね。退院してもいいですよ」

季節は巡り、深々《しんしん》と冷える冬の日でしたが、みんなの心は、はちきれんばかりの喜びに包まれました。


悲しい出来事もありました。ばっちゃんのママ、せいちゃんのひいおばあちゃんが出直しました。せいちゃんの誕生をとっても喜んでくれたけれど、そのころ、ひいおばあちゃんは病気にかかっていました。壁に向かって、まるで誰《だれ》かがいるみたいに話しかけたり、いままで自分でできたことがすっかりできなくなったりしていたのです。

「認知症？」

みんなが心配して、病院で診てもらうと、なんとせいちゃんと同じ病気だというではありませんか。びっくりしました。すでにひいおばあちゃんはとても弱っていて、入院して間もなく、親神様の懐《ふところ》へ安らかに抱かれていきました。悲しかったけれど、誰もが言いました。

「かわいいひ孫だもの、せいちゃんが元気になるように、病気を持っていってくれたんだね」

こんなことってあるんですね。不思議です。ひいおばあちゃん、大切な命をありがとう。

桜のつぼみもふくらみ始め、今日はせいちゃんが初めて親神様・教祖《おやさま》にごあいさつをしに行く日です。ばっちゃんが縫ってくれた真っ白のドレスは、ちょっと大きかったけれど、色の白いせいちゃんには、よく似合いました。

「よかったね」「ありがとう」

「うれしいね」「これからもがんばります」

教祖、これからもよろしくお願いします。

パパとママ、じいじとばっちゃん、そしてせいちゃんの五人で記念写真を撮りました。近くを通る人々も、笑顔であいさつしてくださいました。

「おめでとう」「おめでとう」

こうしてせいちゃんは、わが家に大切なものを運んできてくれました。お互いがお互いを思い合う「家族団欒《だんらん》」という宝物です。つらいこと、悲しいことがあったから、家族はよりいっそう強く結ばれました。

ご守護を願う心は、いままでは当たり前だったことも、本当は親神様の大きなご守護であったと気づかせてくれました。喜びは倍になり、なおいっそう、教祖を慕い、求めて通る心が生まれました。

いま、地球には約六十七億人の人が住んでいます。わが家の「家族団欒」は、小さいものです。しかし、一つひとつの家庭が「家族団欒」を広げていけば、いつの日か〝地球団欒〟につなぐことができるのではないでしょうか。

いまはまだ、はじめの一歩です。はるかな遠い道のりを、教祖のお供《とも》をしながら、陽気に歩いていきたいと思います。

神人和楽の家族団欒

栗《くり》田《た》道《みち》徳《のり》
教会長・44歳・横浜市旭《あさひ》区

子供のころのある雨の日を思い出す。

布教専従で通っていた父は、大雨の日などは出かけるあてもなく、布教所にいて、雨戸を閉め、昼間から電気を点《つ》けていた。六畳と四畳半の小さな布教所。朝から家族五人でトランプをしたり、ゲームをしたり。特別なことは何もなく、ご馳走《ちそう》や豪華なおやつが出るわけでもない……。

しかし、家族の思い出というと、なぜかそんな雨の日を思い出す。そんな日が、いったい何日あっただろうか。

私が小学四年生のころ、布教所に初めてカラーテレビがやって来た。中古品だったが、その日は朝からワクワクして、学校でみんなに自慢した。ところが、みんなの家はすでにカラーテレビだったようだ。

もちろん、一台のテレビを家族で囲んで、チャンネル権を奪い合ったり、けんかをしたりもしたが、当時のどの家庭もそうであったように、一台のテレビが家族団欒《だんらん》の場を提供してくれた。

神様のお与えだけで生活していた時代だったので、子供心に親神様がテレビを与えてくださったのだと思い込んでいた。

年末には、近くに住むお道の方が餅《もち》つき機を貸してくださった。朝から機械の前に座り、兄弟で餅つきの様子を眺める。まずは親神様のお餅、そして教祖《おやさま》、霊様《みたま》。自分たちが食べる分がつきあがるのは昼ごろである。それまでは、箸《はし》を手にじっと待つ。お餅や機械に触って父に怒られることもあった。やっとありつけたお餅は、とにかくおいしかった。最後に、自分たちの机に飾る小さいお供え餅を作らせてもらった。

餅つきは夕方まで続き、その日は家族そろって楽しい一日を過ごした。しかし、いま思い返すと、何が楽しかったのか。具体的な説明などできない。感じたことだけが思い出なのである。

子供のころ、布教所の生活は厳しかった。

当時、小学校の給食費や学級費などは、係の親が教室で集めていた。母からは「最終日に払うからね」と言われてはいるものの、「本当に払えるのだろうか」と心配することがたびたびあり、その気恥ずかしさから「しまった、今日も忘れちゃった」と、わざと係の親に聞こえるように独り言をつぶやいた。「明日から弁当を持っていくから、給食費は払わないでいいよ」と親に言ったこともあった。しかし毎回、最終日にはなんとか支払いが間に合った。これが神様なんだと思った。

私の人生を振り返れば、不幸だと感じたことはない。子供のころ、自分の家が貧乏だと思ったこともなかった。それは、一番大切な家族団欒があったからだと思う。そしてそれは、すべてが満たされた中に感じたものではなかった。厳しい生活の中にささやかな楽しみや小さな喜びがあって、それを感じられたゆえの幸せだったのだろう。

人が幸せの条件を考えるとき、健康で、食べるに不自由なく、財産に恵まれて……と考えるのではないだろうか。そして、そのために全精力を注ぎ込んで働き、暮らしていくのが一般的な幸福の捉《とら》え方だと思う。

しかし、一つの欲求が満たされれば、次の欲求が顔をのぞかせる。不自由のないことが幸せの条件になると、少しの不自由がそのまま不幸せの種となり、いま目の前にある幸せを見失ってしまうことがあるのではないか。恵まれ過ぎ、与えられ過ぎ、結構過ぎる中で、ややもすると人の感覚はマヒしてしまい、日常生活にある何げない幸せ、家族団欒のありがたさを見失ってしまわないだろうか。

何不自由のない生活が幸せなのではなく、一日一日を一生懸命に生きる中に小さな喜びを積み重ねていくことが、真の意味で人を幸せにするのではないか。

幼少のころの何でもない雨の日の情景が、家族団欒の姿として心に浮かんでくるのも、不自由な暮らしの中に幸せを感じていたからこそ味わい得たのではないか。

教祖は、お子さまたちに「水を飲めば水の味がする。親神様が結構にお与え下されてある」と諭された。天の与えを喜び、親神様に感謝して生きることを伝えておられる。神人和楽《しんじんわらく》の家族団欒の心構えをお教えくだされているように思えてならない。

昨年六月、私たちの布教所は教会名称の理を戴《いただ》いた。夫婦と子供三人、本当にありがたい毎日である。いまは子供たちを相手に、自分が少年時代に味わった家族団欒の喜びをなぞるように歩んでいる。しかしながら、子供たちは私の少年時代のような不自由さを感じてはいないだろう。

教祖のひながたにあるように、「親神様が結構にお与え下されてある」という信仰の喜びは、たとえどんな時代になっても、どんな状況に置かれても、子供たちに伝えていかなければならない。

家族でしっかりと天の与えを喜び、神人和楽の家族団欒を目指して、着実に歩んでいきたいと念じている。

少年会活動は幸福への第一歩

岡林元恵《おかばやしもとえ》
縫製業・44歳・高知県土佐清水市《とさしみず》

「ただいま!」と家に帰ると、そこにはいつも「おかえり!」と答えてくれる家族がいた。私がまだ小学生のころ、いまから三十年以上前の話である。

当時のわが家は、父(三十九歳)、母(三十五歳)、私(十歳)、妹(八歳)、弟(六歳)、弟(三歳)、そして生まれたばかりの妹の七人家族。わずか十坪余りの家で、肩を寄せ合って暮らしていた。大阪市内の下町にあるその家は、玄関を開けると奥まで見渡せる、いわゆる〝うなぎの寝床〟で、プライベートな空間など全くなかった。しかしそのおかげで、生活のすべてが団欒《だんらん》そのものだったように思えてならない。

子供心に覚えている一番嬉《うれ》しかったことは、弟や妹たちが生まれ、母が入院している間（当時は大阪教務支庁の横に「天理産院」というお産の施設があり、教友がそこで出産していた）、父方の祖母と母方の祖母が子守に来て、さらに長期間泊まってくれたことだった。母がいない寂しさはあったが、優しくて大好きな二人のおばあちゃんたちと一緒に暮らせることが、やけに嬉しかった。二人の祖母は、同じ所属教会の信者同士で仲が良く、私たちきょうだいの子守を毎回喜んで引き受けてくれた。母も、をびや許しを頂いたことはもとより、二人のおばあちゃんの協力のおかげで、安心して出産に臨めたに違いない。

また、歩いて五分という距離に所属教会があったので、月次祭や婦人会例会の日は、朝からワクワクした。親戚《しんせき》には教会につながる信者さんが大勢いて、参拝の前後に私の家にも立ち寄ってくれた。その際、何か手土産《みやげ》を持ってきてくれることが多く、毎月三日と十八日は、学校の教室の窓から、教会に掲げてある紫の教旗を眺めつつ、「はよ学校終わらへんかな」「今日は誰《だれ》が来てくれるんやろう」と思ったものだ。

教会の祭典が学校の休日と重なった日は、朝から一緒に参拝に連れていってもらった。そこには、教会の優しいお兄ちゃん、お姉ちゃんをはじめ、多くの信者子弟が集まり、祭典終了まで子供同士で遊んだ。わが家はとても狭かったが、教会には百坪ほどの敷地に中庭まであり、庭では石の下に隠れているダンゴ虫を捕まえたり、向かいにある病院の駐車場やガソリンスタンドでドッジボールをしたりと、それはそれは楽しいひと時だった。

夏には「こどもおぢばがえり」や「教会おとまり会」があり、学校の友達をたくさん誘って参加した。寝食を共にしながら、ワイワイ、ガヤガヤとゲームなどで盛り上がった。

そのころから、大教会の鼓笛隊に入り、私の活動の舞台が広がった。バス一本、約三十分で行ける距離に大教会はあった。小学二年生から、すぐ下の妹を連れてバスで通った。その同じバス停から、兄弟教会のお姉さんが決まって乗り合わせてくる。途中の停留所でも、ほかの教会の子供たちが続々と乗り込んできて、大教会に着くころには、バスはほぼ鼓笛隊員で貸し切り状態になった。

「こどもおぢばがえり」前になると、大阪城の近くでよく行進練習をした。「全教一斉ひのきしんデー」には鼓笛隊として参加し、大阪城公園でひのきしんをしている方々の間を演奏して回った。
「ひのきしんをしている大勢の方々に、ひと時でも和《なご》んでもらえるように演奏することが、私たちのひのきしんとなります。一手一つに頑張りましょう」と、スタッフの先生に励まされて一生懸命に行進したことを、いまでもはっきりと覚えている。

そんな幸せな生活がしばらく続き、私が小学校高学年になったころ、父の体に異変が起きた。じっとしていても頭が割れるように痛み、布団の中で脂汗《あぶらあせ》をかいて苦しんでいる。かかりつけの医者に、大きな病院へ行くように言われ、大阪の成人病センターや「憩《いこい》の家」を受診したが、原因は分からなかった。

一家の大黒柱である父が倒れたので、母は一番下の妹が幼稚園に入ると、パートに出た。

上の弟は小学五年生のとき、新聞配達を始めた。高校生になった私も、負けじと放課後はアルバイトに明け暮れた。妹たちや下の弟も、大きくなるとそれぞれアルバイトをして母を助けた。

月日が流れ、一家の生活が落ち着きを取り戻したころ、父の原因不明の身上《みじょう》は薄紙をはぐように回復していった。何の手当ても受けないままだった。もし当時、入院・手術ということになれば、母は五人の子供を抱えて、どれほど大変だったかと思う。ありがたい、不思議なご守護だった。

子供のころを振り返ると、私たち家族の周りには、いつもたくさんの人がいた。それも教会、大教会という、理を重んじる世界に生きる先生方に囲まれて、心のこもった声（＝肥）をかけていただき、支えられ、励まされ、守られて、いまがある。

母は言う。

「五人の子供を次々と授けていただき、子育てに夢中だった道中は、とても楽しかった」と。

私から見れば、それは大変な道中だったと思うのだが、母はお道につながっていたからこそ、どんなときも心倒すことなく、強く優しく私たち五人の子供を育て上げてくれたのだろう。

その後、父は「天理教龍生《りゅうせい》布教所」を開設、新たな仕事にも恵まれた。定年退職後も、お道の御用や地域の自治会、老人会の役を楽しみながら務めた。

ところが、昨年六月三十日の夕方、仕事から帰った私に、叔母《おば》から連絡が入った。

「びっくりせんと、落ち着いて聞いてや。お父ちゃんが倒れた」

一瞬あわてたが、「命は大丈夫そうやから」と続いた言葉に、「よかった。また、たすけていただいた」と、ひと安心した。

その日の午前中、自宅で脳梗塞《のうこうそく》を起こして倒れたとのこと。母は近くに住む伯父《おじ》にたすけを求め、おさづけを取り次ぎ、救急車を呼んだ。六月三十日は、遠い昔、母が父親の戦死の報を受けた忘れられない日でもあった。当時、母はわずか五歳。

私はすぐ弟妹に連絡を取った。父の若き日の身上より、三十年目にして見せられた再度のお手入れに、まずこう伝えた。

「ありがたい。また命をつないでいただいた。まず、そのことを喜ばせてもらおうね」

今回は原因も分かっている。母のとっさの判断と、神様の不思議なお働きで、父は一命を取り留めた。

一組の夫婦より子供が五人。そして、孫も十人お与えいただいている。父母が結婚したときは、共に父親を亡くしていた。そんな、父親との縁が薄いいんねんをもった者同士が一緒になり、いろいろな道中を通ってきた。

母はいつも気丈だった。そのパワーの源は何か？ 答えはただ一つ、教祖《おやさま》のひながたである。お道の教えを支えに、ただひたすら神様を目標《めどう》に通った。

私は遠方へ嫁いだため、所属教会にはなかなか帰れずに残念に思うのだが、ありがたいことに、このお道には縦と横のつながりがある。一人息子が保育園に入園した年、地元の教会のお孫さんが四人同時に入ってこられた。聞けば、息子さん夫婦が大教会住み込みの御用を終えて帰ってこられたとのこと。神様は粋《いき》な計らいをなさるものだ。子供を通して、私をこの教会へ引っ張ってくださった。

また、車で十五分ほどの市街地にある他系統の教会が、鼓笛隊を結成しておられる。先ほどの教会の若奥さんの紹介で、息子はその鼓笛隊に入れていただき、私が子供のころと同じように、楽しみながらお道に親しんでいる。

兄弟のいない息子にとって、友達はかけがえのない存在である。主人の仕事が深夜に及び、家族団欒がなかなか叶《かな》わない私たち家族にとって、いろいろな場面で人とつながることは、生きがいや幸せを味わわせていただける貴重な機会となる。

少年会活動を通して、子供のころから自然と教えが身に付き、それを実行して生涯通ることができれば、何があっても明るい心で、日々を勇んで通らせていただけると思う。

人生の半ばに差しかかったいま、「貧しいながらも楽しいわが家」だったなあと思い、優しい両親のもとに生まれさせていただいたこと、深い愛情の中で育てていただいたことに、心から「ありがたい」と感謝している。

おじいちゃんとの十年八カ月

高畑久江《たかはたひさえ》
教会長夫人・50歳・滋賀県湖南市《こなん》

平成二十一年五月二十二日
岩根《いわね》分教会四代会長出直し（八十四歳）

おじいちゃんへ
「おじいちゃんがまだ元気だったころ、いろいろな所に連れていってもらいました。親のしつけが厳しかったため、おじいちゃんにはたくさん甘えさせてもらいました。特に私は、六人きょうだいの、たった一人の女の子だったので、おもちゃやお菓子などを一番買ってもらいました。

倒れてからも、いつも私たちに『ありがとう』『すまんなあ』と優しい言葉をかけてくれましたね。いつだったか、急にお父さんの頭の上を見るなり、『薄くなったなあ』とひと言。茶の間を盛り上げて笑顔をくれました。

おじいちゃんが入院したときも、優しい看護師さんばかりだったのか、お見舞いに行くといつも笑顔で迎えてくれました。そんなおじいちゃんを見るたびに、元気をもらいました。おじいちゃんが出直して、とても寂しいです。これからは、きょうだい力を合わせて頑張っていきますので、温かく見守っていてください」

六人きょうだいの一人娘が、おじいちゃんの告別式で、こんな弔辞《ちょうじ》を添えてくれた。

おじいちゃんは度重なる事情の中を笑顔で通られた。車いす生活となってから、自らの身上《みじょう》を通して「天理教の陽気ぐらしという教えは、家族の団欒《だんらん》、心を寄せ合う家庭の中にあるのだ」と身をもって教えてくださった。

本当に素晴らしい信仰者であったと思う。

今年、教会は創立百十周年を迎えた。「百という字の意《こころ》は、白紙に戻り一より始めるを謂《い》う」と教えられるが、私たちの教会は、百周年の節目に家族が心を寄せ合い、十年八カ月に及ぶおじいちゃんの在宅介護を経て、創立百十周年でようやく、親神様より〟ゼロからの出発〟をお許しいただけたような、そんな思いがする。

おじいちゃんは大正十三年七月四日、この世に生を受けるが、父親を早くに亡くした。葬儀では、小さな体に大きな学生服を着たおじいちゃんの姿に、親類たちの涙が止まらなかったという。その後、教会を守るために、母親（大ばあちゃん）は夫の弟と再婚するが、その弟もまた短命だった。

天理中学、天理教校本科へと進んだおじいちゃんは、戦争のため召集され、敦賀《つるが》、次に三重の部隊に配属されたが、戦地へ赴《おもむ》くことなく終戦を迎えた。教会へ帰るや否や、待ちかねていた教会役員が出迎え、二十七歳の若さで教会長に就任した。

昭和二十七年に結婚。二男一女を授かり、教会も落ち着いてきたころ、事情が起こった。妻が三人の子供を残して教会を出たのだ。人伝《ひとづ》てになんとか捜し出して説得を重ねたが、幼子《おさなご》を抱くことは二度となかったと聞く。残された者は、とてもつらい日々を送ることになった。大教会の御用、教会の御用、そして教会には幼い三人の子供たち……。

しばらく、還暦を過ぎた大ばあちゃんが子供たちの世話をしていたが、縁あって後妻（私の義母）をもらうことになった。教会のことなど何も知らずに嫁いできたお義母《かあ》さんは、並々ならぬ苦労の道中だったと思う。私たち夫婦の子育てのうえでも、お義母さんの存在は大きかった。そのお義母さんも、六十九歳で出直された。

それにしても、上二人の子供は、毎晩のように別棟の大ばあちゃんの寝床に入り込み、一番下の子は教会の敷地内にある隣の家で育てられたことを思うと、子供たちは親の愛情を十分に感じることができたのだろうか。家庭的な雰囲気はあったのだろうかと思う。

そういえば、私がこの教会に嫁ぐとき、母に「あなたたち夫婦の力で、この家が家庭的な温かさに包まれたらいいねえ」と言われたことを思い出す。母には、何か感じるところがあったのかもしれない。

私の育った家は、一代で商いの道を切り開いた頑固な祖父と、六人の子供がいるところへ後妻として嫁いだ祖母、そして真面目《まじめ》だが気難しい父と、いずれも癖のある者ぞろいだった。そんな環境で私たちきょうだいが家庭的な温かさを感じながら育つことができたのは、母が一家の〝ごみ箱〟となって、何ごとも受け入れ、喜んで通ってくれた姿があったからこそと、私は子供を産み育てる中で気づいた。

平成十年九月十七日、おじいちゃんの横で寝ていた二男が、「おじいちゃんの様子がおかしい」と神殿へ走ってきた。すぐに救急車で病院へ運ばれた。脳《のう》梗塞《こうそく》。「よく命がたすかったものです」と主治医は言った。

意識は少しずつ回復してきた。くちびるを濡《ぬ》らすことから感覚を取り戻し、水をひと口ずつ飲み込むことができるようになった。左半身不随のため、自立歩行はできなくなったが、三カ月で退院した。

ここから、在宅介護が始まった。朝夕二回、ベッドから体を起こして車いすに乗せ、家族と一緒に茶の間で過ごす。少しずつ精神的な落ち着きを取り戻したおじいちゃんは、食欲も出てきて、やがてテレビを楽しむ余裕も見られるようになった。ここまでご守護いただいて良かったと、朝夕のおつとめで家族みんなが手を合わせ、親神様・教祖《おやさま》にお礼を申し上げる日々が続いた。

朝起きると「おじいちゃん、おはよう」。学校から帰ってくると「おじいちゃん、ただいま」と、いつもおじいちゃんに優しく接する幼い子供たち。長男は、おじいちゃんを車いすに乗せたり、ベッドへ移したり、夜中に「おーい、おーい」と呼ぶおじいちゃんの話し相手になるなど、いろいろと私を助けてくれた。その姿は弟や妹に引き継がれ、六人の子供たちは誰《だれ》に言われなくとも、おじいちゃんに優しく接し続けた。

いまにして思えば、幼い子供たちにいろいろさせてしまったなあと反省する点もあるが、車いす生活のおじいちゃんがいるのがわが家であり、それが当たり前になっていた。おじいちゃんを囲んで毎日、話が弾んだ。

十年八カ月の在宅介護で印象深いのは、おじいちゃんが常に感謝の言葉を口にしていたことだ。私にも、子供たちにも「すまんなあ」「ありがとう」「おおきに」、そして「おまえには厄介かけるなあ」。すると、人間は単純なもので、

「何を言ってるんですか。当たり前のことじゃないですか」と、そんな言葉が自然と出てくる。

遠くから参拝に来られた部内の会長さんにも、「遠いところ、ご苦労さま」と笑顔でねぎらう。月次祭の参拝に来られた信者さんにも、「今日はご苦労さま」と声をかける。このひと言で皆は微笑《ほほえ》み、月次祭を一層賑《にぎ》やかに、陽気に勤めることができた。

日参しているあるおばあさんから、「教会のおじいさんは幸せやなあ」と言っていただいたことがある。車いす生活で、外にも出られないおじいちゃんを見て、なぜそんな言葉をかけてくださるのだろうかと訳を尋ねると、「家族みんなが、家庭の輪の中にいつもおじいさんを入れてあげているやろう。そうして、心穏やかでおれるから、長生きさせてもらえるんやで」と話してくださった。

わが家が周囲の人の目にそんなふうに映っていると知って、とても嬉《うれ》しかった。

波瀾万丈《はらんばんじょう》のおじいちゃんの生涯で、車いす生活になってからの日々に、本当の家族団欒や家庭の温かさを感じることができたのではないかと思う。笑いも涙も喜びも、一日の出来事は何でもおじいちゃんに話した。子供たちの成長を収めた数多くの写真の中心には、いつもおじいちゃんの笑顔があった。家族みんなの心が自然と寄り添っていたように思う。

真柱様《しんばしら》は、立教一七二年の春季大祭の神殿講話で、「陽気ぐらしとは、元のをやである親神様と、その子供である一れつ人間の、いわば家族の団欒でありま す。その究極の家族団欒を目指す私たちは、現実の家庭生活においても、お道らしい家族団欒の姿を周囲に映していきたいものであります」とお示しくださった。

一つ屋根の下で長年にわたり在宅介護をしている家庭でも、家族の心が一つに寄り添っていれば、明るく楽しく毎日を過ごすことができる。そんな姿が、家庭の、また教会の台となり、周囲への芳《かぐわ》しいにをいにつながっていくのではないだろうか。

おじいちゃんの告別式で娘が読んだ弔辞の、「(おじいちゃんは)茶の間を盛り上げて笑顔をくれました」という言葉が、わが家の家族団欒を物語っている。合祀祭《ごうしさい》の日、長男、二男、四男、長女が楽人《がくにん》をつとめてくれた。音は不出来だったかもしれないが、私たち家族に、笑顔と家族団欒をもたらしてくれたおじいちゃんへのお供え演奏に、目頭を熱くしたのは私だけではなかったと思う。

おじいちゃん、いつも茶の間に笑顔をありがとう。

小さくて大きな教会

梅田幸男《うめだゆきお》
無職・68歳・千葉県船橋市《ふなばし》

「おはようございます。今日も一日、勇んでつとめさせていただきましょう」

会長さんの明るく陽気な声が神殿に響く。

朝づとめの後、「おふでさき」拝読、『稿本天理教教祖伝』『稿本天理教教祖伝逸話篇』『みかぐらうた講話』などを読ませていただき、会長さんのお話を聞く中に、ハッと気づかせていただくことが多い。そして、身上《みじょう》・事情を抱えた人のご守護を願い、六下りずつ、てをどりまなびを勤めさせていただき、一日のスタートを切る。

私は、この十八年間に三度の脳内出血を起こした。いまも多少の後遺症はあるものの、ご守護いただいたお礼と感謝の思いで、自宅近くにある教会へ夫婦で朝づとめ参拝を続けて三年余りになる。この教会の会長さん夫妻は、他系統の私たちにも親切に温かく接してくださり、ありがたい限りだ。

かつては、大阪にある所属教会の月次祭に夫婦そろって十年間参拝していたが、体調が思わしくなくなってからは、この教会に日参させていただくようになった。長い信仰歴の割には、〝付き合い信心〟が続いたが、ここの会長さん夫妻のおかげで、少しは信仰の素晴らしさが分かってきて、あらためてお道が好きになった。

この教会は平成二年に設立された。初代会長の出直しにより、大手新聞社に勤めていた二男が退職して、会長に就任した。まとまりがあり、町の小さな〝たすけの道場〟として、〝なるほどの教会〟として存在感がある。それは、次のような点からうかがえる。

①会長さんは理に徹していて厳しいが、人柄は優しく温かく、どんなことが起きても心を倒すことなく、前向きで頼もしい。奥さんは、いつも明るく世話好きな人。おたすけ熱心な会長さん夫妻を芯《しん》に、まとまりがある。

②教会家族は、会長さん夫妻、後継者夫妻、会長の弟さん、会長の兄の息子さん、里子として預かっている高校生の男の子という七人で構成されているが、渾然《こんぜん》一体となって一家を形成している。

③会長さんは男四人、女三人の七人きょうだいの二男。親の導きが良かった

のか、全員がお道を素直に信仰し、きょうだいは固い絆《きずな》で結ばれている。
④このきょうだいの仲がすこぶる良く、それぞれ個性的で人間性豊かな七人が、力を寄せ合って教会を支えている。
⑤縦の伝道が見事で、七人きょうだいの子供たちにも、しっかりと信仰がつながっている。月次祭が休日と重なれば、三十人を超える家族、親族が寄り集うのだから、実に頼もしい。「老・壮・青・少」多彩な年代が集まって賑《にぎ》わい、まさに「祭り」となる。
⑥ユニークなのは、月次祭になると近隣に住まう教友たちが三々五々集まり、祭典に参拝し、直会《なおらい》も共にするのが慣例となっていること。「一れつきょうだい」の教えを実践している。
この教会の〝大家族〟による団欒《だんらん》は、いつも自然で、のびのびと明るく、笑

顔があふれている。

会長さんを芯とした七人きょうだいの団結、信頼の絆は強く、見事な和をなしている。その和はさらに大きく広がり、多くの人々に信仰の喜びを伝え、陽気ぐらしの種をまき続けることだろう。

お道の教えは素晴らしいが、「国々所々において、なるほどの人になる」ことへの実行は容易ではない。心の成人を遂げるには、教えを説く側には教えをバックボーンとした人間力、受ける側には素直な心が必要だ。感動も、感謝も、やる気も、すべて人の心から生まれる。国々所々の教会で、同じ道を求めるようぼくが交わり、互いに感化し合うことは、心の成人への重要なステップになると思う。

また、この教会でも、事情・身上を時折お見せいただくが、

にち〳〵にをやのしやんとゆうものわ
たすけるもよふばかりをもてる
（おふでさき　十四号35）

と、会長さんは少しもくじけず、神様にもたれ、おたすけに勇んでおられる。

昨年の大教会創立百十周年に続き、来年は上級教会の創立百周年、さらに、その先に、教会創立二十周年と三代会長への継承を控え、ますます意気軒昂《いきけんこう》の活躍が期待される。

私のような〝よそ者〟が垣間《かいま》見ただけの感想だが、教会の芯、きょうだいの芯、団欒の芯としての、この会長さんの存在は大きい。

A　〝理の親子〟としての心の絆
B　親の血を引くきょうだいの絆
C　道の友としての情の絆

などで結ばれる教会の団欒は素晴らしい。

上級の教会長の座右の銘「一心勇魂《いっしんゆうこん》」のように、勇む心は大切だ。


さて、教会の団欒といえば、直会。直会は、単なる宴会ではない。神様のお祭りを勤め終え、神饌物《しんせんもの》を下げて調理し、お神酒《みき》と共に頂く神人共食の場だ。上級の教会長が巡教くだされば、宴はさらに盛り上がり、歌に踊りに野球談議など、酒の肴《さかな》には事欠かない。ようぼくたちの心の交流は笑顔とともに続く。四月の直会は、近くの公園に場所を移してお花見になったこともあった。

直会は、和気あいあいとした雰囲気の中で親睦《しんぼく》を深め、お互いの人間性を発揚《はつよう》する好機ともなる。

「きょうだい七人、上は七十八歳から下は六十一歳まで、全員が還暦以上で、誰《だれ》一人欠けることなく元気で置いていただいている。こんなにありがたいことはない」と会長さんは感謝し、近いうちに祝いの席を設けたいと笑顔で話す。

私もできるだけ長生きさせていただいて、朝づとめ参拝を続けたい。病気の後遺症で言語障害と嚥下《えんげ》障害はあるが、この教会の団欒の和に加わり続けたいと念願している。

この〝小さくて大きな教会〟に幸あれ。

あなたに一杯のお茶を

畠山喜栄《はたけやまきえ》
教会長夫人・47歳・富山県高岡《たかおか》市

家族団欒《だんらん》についてエッセーを書く。「それは無理です」と私は思った。なぜなら、教会に家族団欒はあり得ない。正確に言うと、家族だけの団欒はない。教会では朝から晩まで、家族だけになる時間はまずない。神様のおられる場所だから、絶えず人の出入りがある。それに伴って、なんだかんだと雑用で忙しい。電話もしょっちゅう鳴る。

その忙しさのおかげか、食べる米もなくひもじいという日は、私の知る限り一日としてなかった。ぼーっとする時間もないほど忙しいことと、広い敷地に神殿があり、食べるものがあることの二つ一つで、調和が取れているのかもしれない。

教会はしばしば、ご飯の時間に人数が増えることがある。だから私は、いつも人数分ぴったりの量は作らない。必ず多めに準備する。

教会長の奥さんになりたかった私だけれど、そんな毎日の中で少し憧《あこが》れる。二階建ての小さな家。外国の小説に出てくるような暖炉《だんろ》のある部屋。子供たちが読書をする。お茶を飲む。いいな！　そんな光景いいな！　と。

わが家には、そういうゆったりとした時間は流れていないなあ、家族団欒はないなあ。エッセーの題名を見て、そう思っていたのだが、ある日、そうでもないのではと気がついた。

「せっかく、きょうだい四人そろいましたが、おれは明日おぢばへ帰ります」

夏休みのある日、二男が残念そうに言った。おぢば帰りをすることは嬉《うれ》しいはずなのに、きょうだいと離れてしまうのが寂しいのか、その言葉は、雅楽講習会に参加する自分を励ますかのように、私には聞こえた。

四月から長女がおぢばの学校へ通っており、二男は長女の帰省を心待ちにしていた。ところが、長女は「こどもおぢばがえり」のひのきしんの後、扁桃腺《へんとうせん》の手術を受けることになり、帰省が延びたのだ。春までは家族がそろっていたが、一人欠けた状態のまま、長男と二女が「学生生徒修養会・高校の部」を受講し、四人きょうだいの末っ子が、初めて〝一人っ子〟を味わった夏の一週間だった。

「一人っ子、耐えられなかったらしいよ」と、あとで二女から聞いた。学修が終わった同じ日に、長女も無事に退院して帰ってきた。ところが、二女の誘った友人が期間中に熱を出し、この日も家族団欒どころではなかった。だから、夕飯に何を用意したか、その時どんな話をしたか、何も覚えていないけれど、ああ、家族が元気でそろうっていいなあと、しみじみ思った。

きょうだい四人がそろっていたときは、いつもそれほど話をするわけでもなく、それぞれが別々に行動しているように思っていた。だが、だんだん大きくなって、それぞれが別の道を歩むようになり、離れて暮らすようになって初めて、お互いの存在の大きさが分かるのだろう。いつも一緒にいなくても、たまに顔を合わせるだけでも、家族、きょうだいっていいなあと思うのだ。

先日、信者さんに「若奥さん、いつも元気で熱も出さなくて本当にいいね」と褒《ほ》められた矢先、忙しい生活を少々不満に思っていた私は、思ってもみない五日間を過ごすことになってしまった。新型インフルエンザにかかったのだ。

なんだかだるいなあ……。カレーを作ろうと野菜を切っているのだが、なぜかはかどらない。おかしいなあ……。とうとう立っていられなくなって、ちょっと横になって休むことにした。

ところが、おかしい。とにかくしんどい。なんだか変だ。そこで初めて体温を測ったら、三九度二分もあった。これは診察を受けなくてはと、自分で車を運転し、診療時間が終わろうとしていた内科に飛び込んだ。次の日から、高熱と関節痛でトイレへ行くのも困難になったことを考えると、この時よく自分で運転したものだと感心する。

普通の風邪であれば、少々無理をしてでもご飯を作ったのだろうが、インフルエンザなので、私は一人、部屋に閉じこもることになった。毎日三つのお弁当作りから始まる家事もできない。いつもならあっという間に過ぎる一日が、なんて長いのだろう。寂しい。しんどい。しんど過ぎて、眠ることもできない。何度も寝返りを打つ。病気って、こんなにつらいんだ。体もつらいし、気持ちもつらい。

そのとき、足が弱って寝たきりになっているおじいちゃんのことや、長期療養中の信者さんの大変さを思った。おぢば帰りをしたときは、いつも訪ねていくのに、この前は慌《あわ》ただしくて行けなかった。やはり今度からは、ちょっと無理をしてでも顔を見せに行こう。寝ている人は、自分では動けないのだから。

会長である夫におさづけを取り次いでもらい、本当に嬉しかった。一人で休んではいても、私は一人じゃない。同じ屋根の下には家族がいる。特効薬のタミフルも効いただろうけれど、おさづけと御供《ごく》さんで私は元気になった。

朝夕のおつとめを勤めさせていただけるのが、当たり前だと思っていた。それどころか、どうして主婦が一番忙しい朝のこの時間に、おつとめがあるのかなあ? なんて不足に思ったこともあった。でも、参拝に来られた人にインフルエンザをうつしてはいけないからと、おつとめも遠慮した。

畠山の家に嫁いで二十二年。朝夕のおつとめに出られないという事態になって初めて、おつとめを勤めさせていただけるありがたさに気がついた。早く神殿で、みんなと声を合わせておつとめを勤めたい。病床でそう思った。

人は何かを失って初めて、その本当のありがたさに気づくことが多い。私は教会生活のおかげで、いろいろな人との出会いがあり、その出会いのおかげで、もしかしたら同年代の人よりもいろいろなことに気づいているのでは、などと思い上がっていた。「当たり前」に感謝することはできている、毎日心がけていると思い込んでいた。しかし、違った。やはり私も「それがある」という状態では、なかなかそのありがたさに気がつかず、感謝しているのも口先ばかりで、心からの感謝ではなかったのだ。

健康の素晴らしさ、家族のいるありがたさ。そして、教会で安心しておつとめを勤めさせていただけるということ。鳴物を入れて、賑《にぎ》やかにおつとめができるということ……。

インフルエンザは、「何げなく通り過ぎていく日常の一つひとつにも感謝を忘れてはいけないよ」という〝神様からの手紙〟だった。だから私は、一つひとつに感謝して、喜びを数えて暮らしていきたいと思う。

忙しいのはありがたいことだ。しかし以前の私は、忙しさのあまり、世界で一番大事な夫に、心を込めて一杯のお茶を出すということさえできないでいた。でもいまは、心を込めてお茶を淹《い》れている。

夫婦っていいなあ。家族っていいなあ。そして、毎日忙しいみんなが教会に来て、ほっとしてもらえるように、「ようこそ教会へ」「お疲れさまです」の気持ちを込めてお茶を出したい。

だから教会は、信者さんもみんな一緒に家族団欒。

大節が育てた二人三脚の道

松本《まつもと》 勤《つとむ》
合唱指導者・62歳・天理市

「松本さーん、松本さんのご家族の方はおられませんか?」

奈良県南部のとある病院の待合室に、けたたましく響く看護師さんの声。日ごろの冷静さを完全になくしたような声であった。

待合室で『天理時報』を読んでいた私は、「何ごとかいな?」と思いながら手を挙げて返答しつつ、足早に診察室へ向かった。

待ち構えていた医師から、「奥様が脳内出血で意識不明の状態です。現在、CT検査をして救急車待ちです」と告げられた。

「大腸の検査を受けに来ただけなのに、どうして？」

状況が十分のみ込めないまま、救急処置室に案内される。そこで目にした妻の姿は、口や鼻や体のあちこちにチューブを差し込まれた状態。目を固く閉じ、顔色も蒼白《そうはく》であった。

「厚子《あつこ》、おーい厚子、聞こえるか？　目を覚ませ！」

妻の体を小さくゆすりながら、大声で二度、三度と呼びかけるが、妻は全く反応しない。目も口もピクリとも動かない。

「えらいことや、どうなったんや。どうしよう……」

意識のない妻の前でオロオロとする私。完全に平静さを失い、体は硬直している。

そのとき、ふと脳裏をよぎったのが、待合室で読んでいた『天理時報』のおたすけの記事だった。

「そうや、おさづけや。それしかない！」

周囲には十人近い医師や看護師さんたちがいたが、「私は天理教の者です。妻におさづけを取り次がせていただきます」と告げるや、カバンをベッドの脇に置き、手を洗い、口をすすいで、「あしきはらいたすけたまえ天理王命《てんりおうのみこと》」と、大きな声で取り次ぎを始めた。二度目の「あしきはらい……」になると涙がこぼれ、妻の顔がゆがんで見えた。

お取り次ぎを終え、涙でくしゃくしゃになった顔で、「おーい厚子、聞こえるか？　分かるか？　おさづけを取り次がせていただいたでー」と、さらに大きな声で妻に呼びかけた。

そのとき、妻のまぶたがかすかに動いた。ほかの変化は何も見られなかったが、確かに数秒、目を開けたのである。

「あー、たすかった。たすけていただいたぞ！」

周囲の冷ややかな視線を背に、私はそう確信した。

やがて到着した救急車で「憩《いこい》の家」外来棟へ向かう。車にはＣＴを撮った女医さんも同乗し、いま写したばかりのフィルムを見せてくださった。そこには妻の頭の左側、左耳の少し上辺りに、約七センチほどの血栓《けっせん》が認められた。

女医さんがフィルムを見ながら、「かなり大きくて、難しい状態ですね」と、小声でポツリと言った。その言葉が、その後もずっと私の心の中で尾を引いた。

車中でもおさづけを取り次ぎ、呼びかけを続けたが、時々うっすらと目を開けては、また閉じるを繰り返した。

「憩の家」の救急外来では、待機していた脳外科の医師が、女医さんからの引き継ぎを終えると、レントゲンやカテーテルなどの検査にかかった。

数時間後、担当医が検査結果の説明に来られた。「奥様は難病に指定されている『もやもや病』です。歌手の徳永英明《とくながひであき》さんもかかった病気です」と言って、数枚のフィルムを示した。

血管は本来、葉脈のように太い管から中くらいの管へ、そして細い管から極細の管へと順に細くなっていくが、このもやもや病の場合は、太い血管から即、極細の血管につながっている。フィルムには、太い血管の上に極細の血管が、たばこの煙のようにモヤモヤと写っていた。いまのところ、治療法は確立されていないとのことだった。

さらに、担当医は「大変難しい手術なので、最悪の場合も考えておいてください。もし成功しても、九〇パーセント以上は右半身不随、もしくは言葉を話せなくなることも覚悟しておいてください」と告げた。

急を聞いて駆けつけた教会の会長さんは、「家族にとっても教会にとっても大切な人。なんとしても、たすかってもらいたい。数パーセントの可能性のご守護を頂くために、精いっぱい神様につながせていただこう」と諭され、おさづけを取り次いでくださった。会長さんと奥さん、そして私たち家族三人、誰《だれ》の目からも涙があふれていた。

約六時間に及んだ手術は無事に成功し、妻はＩＣＵ（集中治療室）に戻ってきた。一命を取り留めていただいた。早速、会長さんにおさづけの取り次ぎを願う。

「あしきはらい……」。お取り次ぎが終わったとたん、動かないだろうと言われていた右足、さらには右手の指も動いた。

見舞いに来ていた親族や、周囲におられた方々も思わず拍手をした。「奇跡や、奇跡や。ご守護や、ご守護や」と、それまでの言葉少なで重苦しい空気とは打って変わって、ICUには驚きと喜びの声が上がった。

翌朝、会長さんと息子さんの二人が、私たちの昨日の理立てを大和郡山市《やまとこおりやま》の上級教会まで、徒歩で約四時間かけて持参してくださったと聞き、感激した。

ICU二日目の午後、今度はおさづけの取り次ぎの後、妻がか細い声で「ごめんねー」と、初めて声を出した。さらに大きな感激を味わった。

その後もご守護をお見せいただき、ICUに入って五日目には、病棟の大部屋に入るまでに回復したのである。

もやもや病が原因の脳内出血という大節に、本当に不思議なご守護を頂いた。手術の後遺症である「失語症」は残ったが、入院四十二日目には無事に退院させていただいた。

なにゝてもやまいとゆうてさらになし
心ちがいのみちがあるから
（おふでさき　三号95）

思い返せば、妻が倒れる一年前、私は三十五年間勤めた天理小学校を、五十九歳で早期退職した。しかし、その後もさまざまな音楽活動に一生懸命に取り組むあまり、家のことは妻任せであった。

さらに、コンクールなどでは付き添い者全員の弁当を作り、「こどもコンサート」では子供たちへの差し入れを欠かさず、終了後の打ち上げの段取りも、すべて妻がやってくれた。だから今度は、私が妻の世話をする番だと、しっかり腹をくくった。

振り返ると、妻が倒れる前年は、教祖《おやさま》百二十年祭の年。「毎日おぢばを賑《にぎ》やかに」との真柱様《しんばしら》のお声に沿わせていただくべく、私たちはほぼ毎日、二人で本部神殿に参拝させていただいた。

所属教会の月次祭では、前日からのひのきしんを三十年間欠かさずつとめた妻。教内行事や、さまざまなひのきしんにも進んで参加させていただいた妻。理に厳しい私の母親にも素直に仕え、つくし・はこびのうえにも精いっぱいつとめてきた妻。今回の大きなご守護は、妻の通った道に対してお働きくださったような気がする。

退院してはや三年半、妻は風邪一つ引くこともなく、早朝より動き回っている。週に一度の言語リハビリを楽しみにしており、私の〝おやじギャグ〟にも声を出して笑うようになった。聞き取り能力が不安定で、時折錯誤《さくご》もあるので、講演会や演奏会、日常の買い物など、どこへ行くのも二人連れである。

退院後ずっと続けている朝づとめ後のおさづけの取り次ぎと、二人そろっての本部神殿参拝を日課とし、少しでも人さまのお役に立ち、喜んでいただくことを目標に据えて、二人三脚で楽しく歩む毎日である。

人生の折り返し点

藤本明子《ふじもとあきこ》
高校司書教諭・57歳・兵庫県川西市《かわにし》

わが家の食卓は円卓だ。いまの家に引っ越してから購入したので、十年ほど愛用していることになるだろうか。当時は、角があるより丸いほうが温かみがあり、皆が集まりやすいのでは、という単純な気持ちから、黒檀《こくたん》を備えた。

家の中に入ると、ひときわ目立つ円卓。なるほど確かに、わが家の中心に居座り、和《なご》やかな雰囲気を醸《かも》し出している。「団《だん》」も「欒《らん》」も「丸い」という意味なので、家族団欒の和みということでは、ひと役買っている。

そういえば、外国の友達に娘の結婚式の写真を見せる機会があったのだが、式場内は全部円卓だった。知らない人同士でも難なく打ち解け、車座になって和やかな時間を過ごせたことを思い出す。

さらに思い出したことがある。十五年前、アメリカ・ミネソタ州のアルバニーという人口五千人ほどの小さな市にご縁があり、市長宅でホームステイをしながら、幼稚園児や小学生に日本文化を教えたときのこと。当時の写真を見ると、どの家庭の食卓も円卓だった。

また、この地は農村地帯なので、珍しい外国人との歓談を楽しみたかったのだろう、夜ごと違う児童宅に招待され、夕餉《ゆうげ》をご馳走《ちそう》になった。私は、アメリカの家族団欒を何度も体験できた幸福者である。たとえ言葉や料理が違っても、家族団欒の状況は同じなのだと実感した。

しかし、平穏な日ばかりではなかった。

私は、これまでに夫の大病を三度経験した。夫が三十八歳のある日、体調不良を訴えた。糖尿病で入院。以来、インシュリンが手放せない生活になった。

二度目の入院は、B型肝炎と肝硬変。このとき私は、母親の信仰していた天理教から距離を置き、実践倫理宏正会《じっせんりんりこうせいかい》（朝起会《あさおきかい》）へ通うようになった。そして、この年の十二月、朝起会の役員がわが家を訪ね、役付きの話を持ってこられた。

私は、気持ちの苦しさから、母の〝理の親〟である伯父《おじ》に相談した。伯父は「明《あき》ちゃん、こう言ったらいいよ。私は天理教を信仰しています」と。私は耳を疑った。「天理教をよく知らない私が嘘《うそ》をつくんですか」と詰問した。伯父は少し間をおき、優しい声で「明ちゃんと順《じゅん》ちゃんは、お母ちゃんと一緒に修養科を出たんやで」と言って、一枚の写真を見せてくれた。白い襟《えり》を天理教のハッピの上に出し、もんぺと下駄《げた》を履いている母の横に、おかっぱ頭でワンピースを着た五歳の私と三歳の妹が立っていた。

「知らなかった……」と何度もつぶやいた。私は心の中で母に謝った。そして、私たちの幸福の礎《いしずえ》は、母の信仰の賜物《たまもの》だったことに気づき、感謝した。

朝起会から脱けた後は、母宅の講社祭に毎月参拝するようになった。

その後、夫の肝臓の数値は平常に戻り、肝硬変も快復した。糖尿病という持病は残ったものの、元の生活を取り戻しつつあったある日の夕方、私の職場に電話がかかってきた。

「ご主人が、福島区の大阪厚生年金病院へ救急車で運ばれました」

私は即刻、病院に駆けつけた。病院の入り口には、見覚えのある会社の方が待っていてくださった。案内された部屋は六人部屋で、夫は廊下側のベッドに寝かされていた。

「脳内出血です」と、医者の説明をひと通り聞き終えた後、付き添ってくださった会社の方と別れた。病室に戻ると、意識不明のはずの夫が「モク（タバコ）くれ、モクくれ」となっていた。夫はヘビースモーカーだった。

しばらくすると、お隣のベッドから会話が聞こえてきた。「兄貴、大丈夫ですか。兄さん、こちらは……」と、誰《だれ》かを紹介している様子。カーテンで覆われているので顔は見えないが、どうも話しぶりから、暴力団員のようだった。

そのうち、看護師さんが入院の手続き用紙を持ってきた。用紙の項目を見て、驚いた。「宗教」という欄があったからだ。私はすがる思いで「天理教」と書いて提出した。すると、明日には個室が空くというので、そちらへ移動することになった。私は生まれて初めて「親神様、教祖《おやさま》、霊様《みたま》、ありがとうございます」とお礼の言葉を述べ、自然と両手を合わせていた。親神様が働いてくださったのだと思った。

翌日、病室の移動を終えて落ち着いたころ、伯父がひょっこり現れた。

「えっ、伯父さん、どうして？　母が知らせたんですか。ありがとうございます」とあいさつをした。

「そうや。お母ちゃんから聞いてな。早速おさづけを取り次がせてもらうな。健《たけし》さんの年はなんぼや？」と聞き、私が答えると、伯父はすぐに、おさづけの取り次ぎを始めた。初めておさづけの取り次ぎに立ち会った。伯父の声は、穏やかで優しいものから、厳《おごそ》かでしっかりとした響きに変わった。私の心の中で、伯父が〝会長さん〟になった瞬間だった。

取り次ぎが終わると、会長さんは喉《のど》を潤すこともなく、「帰るわな」と言い残して病室を後にした。会長さんの後ろ姿を見送っていたとき、私はふと、あることを思い出した。高校一年生の春、学校からの帰宅途中にトラックにはねられ、意識不明のまま救急車で病院へ運ばれたことだった。そのときも、こうして会長さんが私におさづけを取り次いでくださったのだと思うと、涙が頬《ほお》を伝った。

さらに思い出したことがあった。夫もまた、十九歳のころ交通事故に遭《あ》っていた。弟とバイクの二人乗りをしていて、タクシーと正面衝突。弟は即死、夫は意識不明の重体になった。

私たち夫婦は、交通事故で九死に一生を得るという体験を共有していたのだ。これにどういう意味があるのか私には分からないが、夫の三度目の入院を通して、この不思議ないんねんに気づかせていただいた。

夫の退院後、現在の家へ引っ越した。夫が定年退職してから、一人娘が結婚した。相手は会社の後輩で、かつては天理高校野球部のキャプテンを務め、甲子園でホームランを打つなど活躍した人だった。そのうえ、授かった孫の誕生日は、いまは亡き会長さんと同じ日。不思議な巡り合わせを頂き、三世代が同居している。

年とともに移ろいゆく暮らしのなか、円卓を囲む家族団欒のひと時は、これからも家族の心をつないでくれることだろう。たとえどんな状況に置かれても、家族仲良く、丸い心でつながり合ってさえいれば、きっと乗り越えていけるだろう。人生の折り返し点に立ったいま、人々に和みの心を与えられる人になるよう、ひそかに誓っている。

二つの大切な命のおかげ

清水《しみず》このみ
教会長夫人・43歳・滋賀県草津《くさつ》市

わが家には、やんちゃ盛りの三人の子供がいます。小学六年生の息子を頭《かしら》に、小学四年生の娘、小学二年生の息子が、笑いあり涙あり、元気いっぱいの毎日を送っています。

そのそばには、子供たちを温かいまなざしで見守る主人がいて、大小さまざまな節をお見せいただく中にも、家族団欒《だんらん》を味わわせていただいています。

しかし、この幸せな家族団欒のもと（土台）には、二つの大切な命を親神様にお返しした過去があるのです。

私が清水の家（栗太《くりた》分教会）へ嫁として帰らせていただいて、はや十七年になります。お道の中で育ったとはいえ、教会生活については何も分からず、家族をはじめ、信者さんの支えとご指導のおかげで今日に至っています。

ひと口に十七年と言っても、親神様からさまざまな節を与えていただきながら、お連れ通りいただいた歳月でした。その中には、わが子の命に関《かか》わる二つの大節がありました。その道中、分からぬながらも親神様の親心を追い求めて通らせていただいたからこそ、今日の日があるのだと思います。

一つ目の大切な命――それは結婚後、なかなか子供が授からず悩んでいた私に、四年目にしてようやく授かった待望の命でした。

妊娠を知ったときの喜びは、言葉では言い尽くせぬほどでした。その喜びのうちに十月十日《とつきとおか》が過ぎ、出産の日を迎えました。

元気な赤ちゃんとの対面を心待ちにしていたのですが、悲しいことに、その男の子はこの世に生を受けてわずか三十五分で生涯を終えました。その現実をどう受けとめればいいのか分からず、私は分娩《ぶんべん》台の上で、ただただ涙するばかりでした。

しばらくすると、生まれて亡くなったばかりの息子に、看護師さんが真っ白な産着《うぶぎ》を着せて、私の胸に抱かせてくださいました。まだ、ほのかに感じるわが子の温《ぬく》もりを、一生忘れることはできません。

誕生の知らせを布教地で心待ちにしていた主人にも、すぐに悲しい知らせは届きました。主人は、まずおぢばへ足を運んだ後、急いで病院に駆けつけてくれました。何をおいてもおぢばへ、親神様・教祖《おやさま》の元へと、私の分まで足を運んでくれた主人への感謝の気持ちで、胸がいっぱいになりました。

病院に着いた主人は、遺体が安置された部屋で息子をしっかりと抱きしめてくれました。初めて抱いたわが子は、泣きも動きもしませんでしたが、主人も私も、その一度きりのふれあいを、その重みを胸に刻みました。

それからしばらくは、本当にどん底の日々でした。涙が涸《か》れるほど泣き、もう立ち直れないかもしれないと思った日もありました。

そんななか、父は、

「この子のおかげで、おまえは親にならせていただくことができた。しかし、育てさせていただく徳がなかったのや。これからは、わが子と理の子を、共に育てさせていただく徳積みをさせていただかなあかん」

と、信者さんや周りの人たちの下に自分の心を置くよう、〝低い心〟を諭されました。そして、出直したその子に「成人《しげと》」と名づけてくださいました。

落ち込む私を支えてくれた主人をはじめ、思案のしどころを諭してくださった親や周囲の方々、そして何より、手を引いてお連れ通りくださった親神様・教祖のおかげで、少しずつではありますが、立ち直ることができたと思います。

出産、そして赤ちゃんとの対面。その当たり前のことが、どれだけありがたいことなのかを、私は身をもって痛感しました。

四年間授からなかった子供を生まれてすぐにお返しするという現実に直面し、「また、しばらく授からないのでは……」と不安に思ったのも事実です。

そんななか、ありがたいことに、親神様はその出来事のちょうど一年後の同じ月に、第二子である二男の出産をご守護くださいました。

元気な産声《うぶごえ》を聞いた瞬間、感激のあまり、涙が止まりませんでした。生命の誕生、そして生かされている喜びが込み上げてきました。

この世に生まれてきたことを喜ぶかのように、全身の力を振り絞って思いきり泣く赤ん坊の声。その当たり前の光景が、どれほどありがたいことなのか、身に染《し》みて感じました。

その後、二年おきに長女と三男をお与えいただき、毎日笑ったり怒ったりと、子育てを楽しんでいます。本当にありがたく、もったいない日々です。

しかし、長男をお返しして十三年が経《た》ったその数カ月前、思いもよらぬ節を見せていただきました。それは、二つ目の大切な命に関わる出来事でした。

四十二歳の夏。毎日、体がだるく、微熱も続いていました。「もしかして……」と思い、妊娠検査薬を試してみると、陽性反応が出たのです。その結果に驚きましたが、長男の出直しを通して、命の尊さを身をもって感じていた私たち夫婦は、気恥ずかしながらも、新しい命の芽生えを心から喜びました。

三人の子供たちも、命の尊さを感じられる年齢になっていたので、私たちは早くから子供たちに命の芽生えを伝え、その成長を共に見守り、無事に生まれてくるように家族みんなでお願いさせていただこうと話し合いました。

子供たちは「名前は僕がつける」「私がつける」と口々に言い、その誕生を待ち望んでいました。

ところが、妊娠が分かって一カ月ほど過ぎた検診の日、産婦人科の先生から、

「月齢に応じた成長はしているが、心音が聞こえず、心臓の動きも見られない。明日もう一度、ご主人と一緒に来てください」

と言われ、目の前が真っ暗になりました。

誤診であってほしい、悪い夢であってほしい……。でも、その願いは叶《かな》わず、数日後、心臓の止まったわが子をお腹《なか》から出す手術を受けることになりました。

一度ならず二度までも、わが子の大切な命をお返しすることになったのです。家族全員で新しい命の誕生を楽しみにしていただけに、皆が落ち込み、涙しました。

夜中、私も涙が止まらず、布団の中で何時間も泣く日が続きました。そして、自分の通り方や心づかいをさんげしました。

「教祖はいったい何をおっしゃっているのだろう」

「この節に込められた親神様・教祖の親心は、いったいどこにあるのだろう」

「授けていただいた新しい命を、またお返ししなければいけないのは、なぜだろう」

思い悩み、心が晴れない日が続き、なかなか立ち直れませんでした。

そんなある日、母から、

「成人《しげと》を亡くしたときの心を忘れていないか。あのとき定めた心を忘れていないか」

と諭されました。

成人をお返ししたとき、

「子供さえ授かれば、ほかには何も望むことはない」

と誓ったあの日。私の願いはもう十分に叶えてくださり、三人の子供たちをお与えいただいたにもかかわらず、果たして喜び勇んで日々を通らせていただいているだろうかと、心に響くお諭しでした。そして、この節に込められた親心を、次のように悟らせていただいたのです。

「本当なら、目の前にいる元気な三人の子供のうち、誰《だれ》かの命をお返ししなければいけない大節だったのかもしれない。でも、私のお腹に新しい命を宿し込み、その命を迎え取ってくださることによって、大難は小難に、三人の命を守ってくださった。これは親神様・教祖の大きな親心に違いない」

悲しみに落胆していた心に、感謝の気持ちが湧《わ》いてきました。お返しした小さな命のことを思うと、申し訳なさで胸がいっぱいでしたが、この節を生き節とするように通らせていただかなければと、前向きに考えるようになりました。

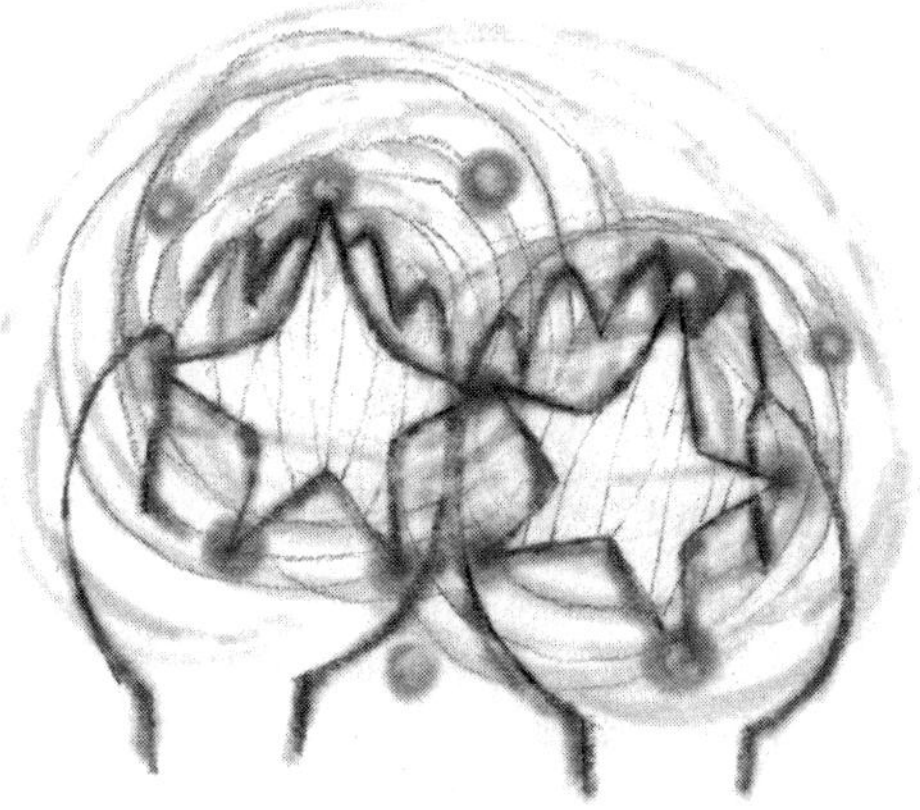

そして、本来動いているはずの心臓が動いていなかったことを思案したとき、とにかく動かせていただこう、歩ませていただこうと心に誓ったのです。

私は主人と相談して、出直したわが子に「歩《あゆみ》」という名前をつけました。

親の思いに近づかせていただけるよう、歩ませていただこう。お喜びいただけるよう、止まらずに歩み続けよう。「成人の歩み」。これこそが、二人の大切な命をもってお教えくださったことではないかと思ったのです。二つの尊い命のおかげで、今日のわが家の家族団欒の姿があるのです。

二人の命を決して忘れないように、そして、いまも見守ってくれている二人の心に届くように、家族が一手一つに心をそろえて、家族団欒の姿を周囲へ映しつつ、「成人」の「歩」を進めさせていただきたいと思います。

憩いの場所に長いすが

池口《いけぐち》明代《あきよ》

教会長夫人・55歳・三重県伊勢《いせ》市

私たち夫婦は二年前の四月、上級に当たる教会をお預かりすることになりました。

それまでの二十七年間というもの、私は部内教会の会長夫人として、教会の月次祭と婦人会例会日の月二回は必ず通っていました。

当時、この教会の〝ある場所〟を、帰りを急ぐ私は、さほど気に留めていいませんでした。ですが、教会につながる信者さん方にとって、大切な「憩いの場所」になっていることに、ここに住まうようになって初めて気がついたのです。

その場所とは、教会の玄関横にある花壇のブロック塀です。玄関の入り口がスロープになっていて、どの位置に座っても足が着く、ちょうどいい勾配《こうばい》になっています。

夏は日陰になり、心地よい風が吹き抜けます。冬はお日さまが当たって、体を温めてくれます。

月次祭や婦人会の例会日には、信者さん方が朝早くから、遠近を問わず勇んで集まってこられます。おつとめの準備や食事の用意などがあるので、お互いあいさつを交わす程度でゆっくりと話もできませんが、片づけを終えて、食事を済ませた人から、一人また一人とその場所へ移動し、腰を落ち着け、誰《だれ》からともなくおしゃべりを始めるのです。

「体の調子はええか？」

「わしは、足腰が痛い」

「無理せんようにな」

と体を気づかう人。

「漁はどうや？」

「まあまあやな」

と仕事の話をする人。

「子供が、あまり神さんの話を聞いてくれへんわ。困ったことや」

「時機が来たら聞いてくれるから、心配いらんで」

と悩みに答える人。

「今日、〇〇さん来てないけど、どこか悪いの？」

と心配して尋ねる人。

「孫は、なかなか可愛《かわい》いわ」

と目を細める人。

　この場所に座ると、誰もがみんな、この一カ月の出来事を話し始めるのです。

私は、そんな光景を見るのが好きで、とても幸せな気持ちになります。

　そして、時間になると、

「また、来月もな」

と、先に帰る人に手を振って見送るのです。

　見送る人も見送られる人も、お互い元気でまた会うことを約束して、手を振り合います。この光景も、私は大好きです。

昨年六月の月次祭の日のことです。大工職人の信者さんが、朝早くから花壇のある場所でゴソゴソと何か作業をしていました。

見ると、花壇のブロック塀にぴったりとくっつくように、手作りの長いすを取り付けていました。しかも、長いすが水平になるように、スロープの勾配に合わせて脚《あし》の長さを調節しているのです。

私は、大工さんの心づかいに嬉《うれ》しくなりました。すぐにカメラを持ってきて、作ってくださった大工さん夫婦に一番最初に座ってもらい、記念写真を撮りました。ご夫婦は少し、はにかんでいました。

しばらくすると、信者さんが次々とやって来ました。

長いすの存在に驚いては、まじまじと眺め、ちょっと座っては立ち、眺めてはまた座ってと、誰もが座り心地を確かめているようでした。そして最後は「ええ、いすやなあ」と言って、月次祭の準備に取りかかりました。

食事の後、みんなはいつものように玄関横の花壇のある場所に集まりました。出来たてほやほやの長いすに座り、会話が始まりました。

すかさず私は、座っている信者さん一人ひとりの写真を撮りました。

カメラを向けると、話の途中でこちらを見て照れる人。ピースサインをする人。杖《つえ》を体の前に立て、両手で支え、少し構える人。夫婦で見つめ合いニコッとする人……。いろいろな表情がありました。

出来上がった写真を見ると、どの顔にもいっぱいの笑顔がありました。そしてその月も、これまでと変わりなく、みんな和気あいあいと話をして帰ってい

きました。いままでよりも、はるかに座り心地が良く、それに手作りの温《ぬく》もりも伝わって、きっと話に花が咲いたことでしょう。

その日の夕方、いつも教会日参に来られる二人のおばあさんと一緒に、会長と私と交互に記念写真を撮りました。

そのうちの一人のおばあさんは、いま一人暮らし。この写真が大のお気に入りで、枕元に飾って、いつも眺めているそうです。また、日参の帰りには「ここで話をしない日は、一日中、話をしないこともあるわ」と言いながら、いすに「どっこいしょ」と二人で座って、今日一日の出来事や今晩のおかずのことなどを話します。ひと段落すると、

「そろそろ帰ろか」

「じゃあ」

「また明日。気をつけてな」

と言って別れます。

長いすのあるこの憩いの場所には、いろいろな人がやって来ます。何げない言葉のやりとりから、お互いに打ち解け合い、まるで家族のように信頼できる関係になれるのです。そして、今日も元気であることの喜びと、明日に向かう生きる力がもたらされるのです。


みんなが帰った後、会長と二人で、この長いすに座ってみました。

今日一日の無事に感謝し、明日もまた、皆さんが笑顔で参拝に来られることを願って、長いすのあるこの憩いの場所を、これからも大切にしていきたいと思います。

あとがき

『天理時報』では、立教一七二年（平成二十一年）に「家族団欒《だんらん》」をテーマとする懸賞エッセーを募集し、国内外から全六十五編が寄せられました。

そこには、家族や親族との団欒のみならず、教会や地域における教友同士のたすけ合いなど、血縁を超えたお道ならではの〝一れつきょうだいの団欒〟の姿が生き生きと描かれていました。

道友社は今春、現代社会における信仰者のあり方を見つめ直すとともに、一れつきょうだいの絆《きずな》を結ぶ一助として、さらには

「道と社会」の橋渡しとなることを願って、「きずな新書」を創刊しました。

そのきずな新書の第二号として、エッセー六十五編の中から、審査員によって選ばれた最優秀賞一本のほか、優秀賞三本、佳作七本、特別賞九本を一冊にまとめ、このたび刊行する運びとなりました。

本の編集を進める中で、エッセーの執筆者の一人から、次のようなメールを頂きました。

「私の心に咲いた〝うれしい〟の花がエッセーという実になり、この本を読んでくださる人の心にも〝うれしい〟という気持ちが芽生えたなら、きっと素晴らしい〝喜びの循環〟が生まれることでしょう」

本書が皆さまにとって、大切な人たちとの絆を強めるきっかけになれば、そして親神様と人間の〝究極の家族団欒〟である、陽気ぐらし世界に向かうささやかな後押しになれば、これにすぐる喜びはありません。

立教一七三年八月

編　者

きずな新書 002

笑《え》顔《がお》の居《い》場《ば》所《しょ》

立教173年（2010年）9月1日　初版第1刷発行

編　者　天理教道友社

発行所　天理教道友社
〒632-8686　奈良県天理市三島町271
電話　0743(62)5388
振替　00900-7-10367

TENRIKYO DOYUSHA

印刷所　株式会社天理時報社
〒632-0083　奈良県天理市稲葉町80

ISBN978-4-8073-0550-6
定価はカバーに表示

道友社きずな新書

創刊のことば

いま、時代は大きな曲がり角に差しかかっています。

伝統的な価値観が変容し、社会のありようが多様化する中で、心の拠《よ》り所《どころ》を見失い、自己中心的で刹那《せつな》的な生き方に流れる人々が増えています。

そんな現代社会の風潮が、最も顕著に現れている姿が〝家庭の崩壊〟ではないでしょうか。

夫婦・親子のつながりの希薄化は、さまざまな家族の問題を引き起こし、社会の基盤を揺るがしかねない深刻な問題となっています。このような時代にあって、天理教の信仰者には、社会の基本単位である家族の絆《きずな》を強めつつ、心を合わせ、互いにたすけ合う団欒《だんらん》の姿を社会へ映していくことが求められています。教えに沿った生き方を心がけ、ようぼくらしい歩み方を進める中で、親神様と人間の〝究極の家族団欒〟である陽気ぐらし世界を目指していくのです。

道友社では、この大きな課題に真摯《しんし》に向き合ううえから、現代社会における信仰者のあり方を見つめ直すとともに、一れつきょうだいの絆を結ぶ一助として、さらには「道と社会」の橋渡しとなることを願って、「きずな新書」を創刊いたします。

立教173年４月